진격하는 저급들

퀴어 부정성과 시각문화

이연숙

목차

들어가며: '젠더 문제'　　　　　　　　　　　　　　　　5

1장 슬픈 퀴어 초상　　　　　　　　　　　　　　　17
2장 단식 광대는 왜 춤추는가　　　　　　　　　　 31
3장 뉴플 스케치　　　　　　　　　　　　　　　　45
4장 문제는 디자인이다　　　　　　　　　　　　　 55
5장 한심하고 쓸모없는 트위터 중독자들　　　　　 73
6장 레즈비언 황무지　　　　　　　　　　　　　　83
7장 라운드테이블 "레즈비언 미술은 왜 구린가"　　 95

감사의 말　　　　　　　　　　　　　　　　　　　147
2023 SeMA 비평연구 프로젝트: 에필로그　　　　　148

일러두기

1. 이 책에 사용된 기호는 다음과 같다.

　　〈 〉: 그림, 영화, 노래 등의 작품 제목
　　《 》: 전시 제목
　　「 」: 글, 논문 등의 제목
　　『 』: 책 제목

2. 이 책은 저자가 '2022–23 SeMA 비평연구 프로젝트'의 일환으로 서울시립미술관 모두의 연구실 '코랄'에 연재한 글 7편과 2022년 진행한 첫 번째 라운드테이블「여성 퀴어 작가의 콜렉티브」녹취록을 수정 및 보완하고 편집해 엮은 것이다.

3. 주는 모두 각주로 페이지 하단에 실었으며 인용문에서 대괄호 [ ]는 저자의 개입을 뜻한다.

들어가며

'젠더 문제'

이 글은 2021년 SeMA–하나 평론상의 특전으로 2년간 지원받은 SeMA 비평연구 프로젝트의 일환으로 진행된 「진격하는 저급들」 연재의 서문에 해당한다. 이 연재는 내가 생전 처음 가져본, '퀴어'와 (시각)예술에 대해서만 말해도 되는 최초의 지면이다. 도대체 이 소중한 기회를 어떻게 '잘' 써야할지 몰라 허둥거리다 나는 결국 내가 아는 오로지 두 개의 쓰기 전략을 동시에 사용하기로 결정했다.

걱정하지 마시라, 앞으로 읽게 될 글이 모두 이런 식이지는 않을 테니. 하지만 '이런 식'은 최소한 나의 (잠재적) 동지들에게서 내가 도저히 거리를 두고 말할 수 없는, 대단히 특권화되었으며 동시에 비체화되는 주제인 '퀴어', 다름 아닌 나의 주제인 '퀴어'를, 이처럼 나의 이해관계와 긴밀하게 연결되어 있는 지면에서 다루는 쾌락 또는 곤란이 무엇인지 누설해줄 것이다. 이 기회(도대체 내가 왜 이렇게 많이 '기회'라는 단어를 남발하고 있는지에 대해서는 설명하지 않겠다. 달리 말할 방법도 없거니와 그게 정확한 표현이기 때문이다)는 한편으로는 놓치지 말아야 하고 다른 한편으로는 결국 배신할 수밖에 없는 그런 기회다. 여기서 나는 내가 그간 우습도록 비장하고 진지하게 말해 온 퀴어한 삶, 퀴어한 미적 양식, 퀴어한 예술(!)이 무엇인지에 대해서 제대로 '비평'해 누군가를 설득, 심지어 유혹하고 싶다는 저속한 열망을 느끼고, 동시에 그게 무엇인지에 대해 누구에게도 영원히 설명하고 싶지 않다고 느낀다. 후자는 특히 글을 쓰는 사람에게 문제가 되는 성향일 수 있다. 하지만 내가 침묵한다면 그것은 고집스러운 침묵이라기보다 얼떨떨한 중단에 가까운데, 왜냐하면 이 침묵은 기실 전자의 열망, 그러니까 내가 중요하게 여기는 무엇이 다른 누군가에게도 중요한 것이었으면 좋겠다는 그런 이기적인 열망이 결국 실패하리라는 것을 예견하는 낭패감과 부끄러움을 동반하기 때문이다. 이는 정확히 수치심이 작동하는 방식을 예시한다.

사라 아메드Sara Ahmed가 "숨김과 드러냄의 이중 작용"[1]이라고 말한 바 있는 수치심shame은 "상상된 타인의 시각"[2] 혹은 이상적인 초자아의 '시선'을 의식할 때 발생한다. 이로써 수치심을 느끼는 주체가 사실은 끈질기게 '타인'이라는 세계와 연결되어 있음을 표시한다. 다시 말해 수치심을 느끼는 주체는 항상 말하고 싶어 하는 주체다. 말하고 싶어하기에 침묵할 수밖에 없는 주체다. 피부 아래의 내장에서부터 숨겨놓은, 세계와 연결되려는 열망을 뺨을 붉히고 말을 더듬는, 다분히 생리적인 반응으로 노출할 수밖에 없는 그런 주체다. 엘스페스 프로빈Elspeth Probyn은 수치심을 다음과 같이 의미화한다. "하지만 무엇이든지 간에, 당신을 수치스

---

[1] Sara Ahmed, *The Cultural Politics of Emotion* (Edinburgh: Edinburgh University Press, 2014), 104.

[2] Ahmed, *The Cultural Politics of Emotion*, 105.

럽게 하는 것은 당신에게 중요한 것, 자신에게 필수적인 부분이 될 것이다. (...) 우리를 수치스럽게 하는 것들은 때때로 우리의 깊은 걱정과 관심을 드러낸다. 다시 말해, 관심은 수치심을 이해하는 열쇠가 되고, 수치심은 우리가 무엇에 관심이 있는지 절박하게 일깨워준다."[3] 물론 프로이트적 독해를 따르는 마사 누스바움 Martha Nussbaum 같은 이론가들에게 수치심은 다수자들이 가진 완전한 자기애적 이상의 결함을 소수자들에게 투사한 결과의 효과로, 건전한 사회를 이룩하기 위해서는 제거되어야 할 유해한 감정이다. 그러나 수치심은 여전히 소수자들, 그중에서도 '퀴어'라는 이름에 속하는 삶과 분리 불가능한 감정이다.

왜 아니겠는가? 예컨대 이 글을 쓰기 위해 여러 번 포즈를 바꾸는 동안 나는 내 기억 속 수치심의 장면들을 여럿 떠올렸다("그 사람 퀴어만 쓰는 사람이잖아." 곧장 이어지는 '(나의) 일기' 같은 글에 대한 폄하. 그리고 나에게 재기 불가능한 내상을 입히는 아군들의 공격. "남자 흉내 좀 그만 내." ...도대체 언제까지 글을 쓸 때마다 이런 푸닥거리를 계속할 생각인가?). 이런 장면들은 끈적이는 기름 자국처럼 내 자아 이미지에 들러붙어 있다. 주체가 세상에 존재하는 방식 자체를 의문에 부침으로써 내부에서부터 자

---

3   Elspeth Probyn, *Blush: Faces of Shame* (Minnesoty: University of Minnesota Press, 2005), 10.

아를 손상시키는 파괴적 감정인 수치심은 때로는 글 쓰는 것을, 심지어 삶을 사는 것을 중단하게 만들기도 한다. 그러나 이런 장면들로 인해 거듭 재생산되는 수치심은 또한 푸코적 의미에서 생산적이기도 하다. 반복해서 말하지만 수치심은 특정한 대상을 향한 포기할 수 없는 관심과 애착이라는 내면을 피부라는 외부를 통해서 표시하기 때문이다. 이 피부는 수치심과 마찬가지로 우리에게서 끝끝내 분리될 수 없는 "가차 없는 장소"[4]인 동시에 유토피아를 발명하게 만드는 가능성의 장소이기도 하다.

실반 톰킨스Sylvan Tomkins를 재독하해며 아담 프랭크Adam Frank와 함께 쓴 책에서 이브 세즈윅Eve Kosofsky Sedgwick은 이렇게 말한다. "긍정적인 정서가 없다면 수치도 없다. 당신에게 즐거움을 주거나 흥미를 끄는 장면만이 당신에게 수치를 준다. (…) 수치심은, 몸의 표면이 갖는 취약함과 극도의 유연함을 통해 누군가의 내면을 바깥으로 표출하거나 또는 외부를 안으로 끌어들인다. [역겨움과 마찬가지로] 수치는 디지털화된 정동의 메커니즘에 구멍을 내는 뚜렷한 정서 중 하나다." 수치심이 줄줄 새어 나오는 숨길 수 없는 구멍, 바로 이 구멍이 우리가 의존할 수 있는 유일한 한계이자 가능성이 거하는 장소다. 주디스 버틀러Judith Butler가 우울을 정치적

---

4 미셸 푸코, 『헤테로토피아』, 이상길 옮김(서울: 문학과지성사, 2014), 28.

정서로 전유한 것과 마찬가지로, 이브 세즈윅은 수치심이 내는 구멍 자국을 통해 정체성 없이도 "우리의 상상적 체계와 의식·몸·이론·우리 자신과 개인들"을 바꿔낼 수 있다고 쓴다.[5] 우리 각자의 구멍 자국들이 서로를 알아보는 장면을 상상할 수 있을까? 정체성 없이도 구멍 자국에서 새어 나오는, 우리의 내장 깊숙이 숨어 있는 각자가 열망하고 고집하는 삶의 형태와 가치 체계를 마주치게 할 수 있을까? 그래서 결국 우리는 우리가 될 수 있을까?

나는 그럴 수 있다고 본다. 왜냐하면 그럴 수 있기 때문이다.

요컨대 해나 개즈비Hannah Gadsby의 코미디 쇼 〈나네트Nanette(한국어 제목 '나의 이야기')〉에서, 시끌벅적한 자긍심의 구호를 '열심히' 외치는 퀴어 퍼레이드의 현장을 TV로 목격한 그가 '조용한 동성애자들은 어디로 가야 할지'를 묻는 장면에서 그가 겪었을 수치심의 역사가 묵직하게 상기되는 것처럼.

---

5 Eve Kosofsky Sedgwick and Adam Frank, "Shame in the Cybernetic Fold: Reading Silvan Tomkins," *Shame and Its Sisters: A Silvan Tomkins Reader*, eds. Eve Kosofsky Sedgwick and Adam Frank (Durham: Duke University Press, 1995), 22.

넷플릭스, 〈SAP(행복을 찾아서)〉, 필자 캡처.

또는 〈SAP(한국어 제목 '행복을 찾아서')〉의 메이 마틴May Martin이, 자신의 '젠더 문제'와 '디스포리아'를 언급하자 찬물을 끼얹은 듯 조용해진 청중석을 바라보며 "...무거운 정적"이라 농담할 때처럼. 그리고 그가 웃음을 꾹 참는 표정으로 '젠더 문제'를 언급할 때마다 내게 유발되는 '공감성 수치'처럼.

물론 이것은 기쁨처럼 공중으로 발산되는 종류의 해방적인 연대의 감각은 아니다. 아니 그보다 이건 젠장, 끔찍하게 편안한 침묵이 아닌가? 뜨끈한 수치가 치밀어 오르는 침묵 속에서 우리는 자신의 가장 밑바닥에 설치된 비밀을 헤집으며 눈을 아래로 내리깐다. 나는 기다린다. 은밀히 내 구멍 자국을 당신에게 들키기를 소망하면서. 약하고 수동적이지만 그럼에도 끈질긴 소망. 그런 식으로 우리는 수치가 제공하는 시차를 통해 '우리'에 속하게 될지도 모른다.

이제부터는 앞서 예고한 두 개의 쓰기 전략 중 나머지 하나를 쓸 예정이다. 이제부터는 '나'가 적극적으로 빠진다.

작년 가을에 진행한 《저급 이론들의 연합》 라운드테이블에 이어 이 책은 (시각)예술문화 전반에서 포착되는 퀴어 부정성queer negativity의 존재 양식에 관심을 둔다.[6] 퀴어 부정성이란 자본주의-이성애-규범성과 불화하는 가치들을 퀴어한 것으로 전유하는 서구 퀴어 이론가들(잭 할버스탐Jack Halberstam, 리 에델만Lee Edelman, 리오 버사니Leo Bersani, 이브 코소프스키 세즈윅Eve Kosofsky Sedgwick, 로렌 벌랜트Lauren Berlant, 헤더 러브Heather Love, 앤 크베코비치Anne Cvetkovich, 엘스페스 프로빈Elspeth Probyn, 사라 아메드Sara Ahmed 등)이 발전시킨 개념이기도 하고, 동시에 결코 정합적으로 의미화될 수 없는 존재 그 자체의 모순을 여성·성차·섹슈얼리티 같은 개념으로 표시하려 한 정신분석 이론가들(조운 콥젝Joan Copjec, 알렌카 주판치치Alenka Zupančič 등)에게서 간접적으로 발견할 수 있는 개념이기도 하다. 삶 대신 죽음을, 의미 대신 모순을 택하기에 반(反)직관주의적 전회라고도 불리는 퀴어 부정성의 이론들은 정체성 정치가 홍보하는 자긍심과 시민-소비-퀴어 주체의 건전함에 반기를 들기 위해 고안된 문화적·정치적 반격의 연장선상에서 이해될 수도 있다. 그러나 그것은 애당초 퀴어가 실증적 범주의 성적 일탈자들을 가리켜온바, 중산층적 삶의 양식을 추구하는 교양있는 퀴어 시민들의 삶을 야생의 상태로 원상복귀시켜야만 한다는

---

6   이 글에서 나는 '퀴어(queer)'와 '퀴어성(queerness)'이라는 두 용어를 특별한 구분 없이 사용하고 있다. 짧은 분량의 이 글에서 두 개념의 차이를 강조하는 것이 불필요하기도 하고, 필요한 경우 퀴어성(퀴어니스)를 '퀴어한 것' 또는 '퀴어 범주'와 같은 단어로 의역하는 편이 오해를 최소화할 것 같다는 판단에서다.

뜻은 아니다(더구나 그러한 순수성의 추구는 환상에 불과하다). 차라리 퀴어 부정성은 1990년 테레사 드 로레티스$^{Teresa\ de\ Lauretis}$가 처음 '레즈비언&게이 [담론]'의 사이에 위치한 '&^{and}(그리고)'라는 분리의 표시를 퀴어라는 "공동 전선"을 통해 다시 사유하자고 제안한 이후[7] "퀴어 이론의 정상화(규범화)"[8] 혹은 '탈정치화'라 부를 만한 시점이 도래한 상황에서 다시금 퀴어를 정치적으로 급진화하는 시도에 가깝다.

이는 비단 퀴어 이론의 본토라 여겨지는 미국의 문화·정치적 맥락에 한정되는 이야기가 아니다. 한국의 탈식민적 지식 생산의 조건과 상황에 수반되는 시차를 고려하더라도 최소한 문화예술계에 전반에서 '퀴어'는, 한편으로는 조야한 의미에서 '킨키한^{kinky}' 또는 '신기한'과 같은 용례로서 사용되고, 다른 한편으로는 그저 '성적 소수자'와 동의어로 사용되는 것처럼 보인다. 당연하지만 퀴어는 '그런' 뜻이 맞다. 문제는 퀴어가 자주 '그런' 뜻을 초과한다는 것이다. 퀴어에 주렁주렁 딸려오는 죽음, (자기)파괴, 혐오, 수치, 분노, 우울, 실패와 같은 부정적인 가치들 때문에 특히 그렇다. 이

---

[7] Teresa de Lauretis, "Queer Theory: Lesbian and Gay Sexualities An Introduction," *differences* 3, no.2, (Durham: Duke University Press, 1991), iii–xviii.

[8] David M. Halperin, "The Normalization of Queer Theory," *Journal of Homosexuality* 45 (Michigan: University of Michigan, 2003), 339–343.

러한 가치들은 퀴어의 삶 또는 퀴어한 삶에서 발견되는 정서적·경험적 자원의 핵심이기도 하고 동시에 이보다 보편적인 범주에서 ('정체성 없이도') 논의될 수 있는 인간적·문화적 '문제'의 일부이기도 하다는 점에서 이미 퀴어 범주 내부에 내적 긴장을 초래한다.『진격하는 저급들』은 이러한 긴장 상태가 벌이는 특수성과 보편성의 경합을 퀴어한 것의 조건이자 특권으로 이해한다. 더욱이 퀴어의 '선을 넘는', 자기 자신을 초과하려는 움직임은 '가로지르다quer, across'를 어원으로 하는 퀴어라는 동사에 이미 내재된 근원적 힘이 아니던가? 이 책에 실린 7편의 글들은 퀴어의 이러한 역량을 의식하는 비평들로 이루어질 예정이다. 미술뿐 아니라 오늘날의 (시각)문화예술 전반을 아우르며 전개될 이 글들은 어쩌면 단순히 (특히 서울 중심의) 퀴어 '판'을 요약하는 그림으로 보일 수도 있고, 어쩌면 이제는 퀴어 '당사자'와도 무관할 부정성을 향한 대책 없는 집착처럼 보일 수도 있다. 누군가『진격하는 저급들』에서 뭔가를 발견할 수만 있다면 아무래도 상관없다. 그 드문 유용성의 이름이 퀴어 부정성의 궁극적인 '쓸모없음'과 동의어로 판명나더라도 말이다.

1장

슬픈 퀴어 초상

그리 간단하지 않은 질문 하나.

> Q. 퀴어들은 왜 셀카를 자주 찍을까?
>
> A1. 퀴어들만 셀카를 자주 찍는 건 아니다.
> (←사실이다. 하지만 일단 무시하자.)
>
> A2. '자만추(자연스러운 만남 추구)'가 불가능한 퀴어들에게 데이팅 어플이나 인스타그램, 트위터와 같은 SNS에서 연애 대상을 물색하는 건 지난 십수 년간 자연스러운 관행으로 자리 잡았다. 다시 말해 퀴어들은 팔리기 위해 셀카를 찍는다. 좋든 싫든 셀카를 찍어야 사진을 요구하는 '시장'에 자신을 '내놓을' 수 있기 때문이다. (←괜찮은 대답. 나쁘지 않다.)
>
> A3. 슬프니까. (←정답.)

퀴어들은 슬프다. 행복한 세상 때문에 슬프고, 퀴어들이 행복하기를 원하는 세상 때문에 슬프고, 그런 세상이 퀴어들의 불행을 없는 셈 취급하기에 슬프다. 사라 아메드 Sara Ahmed의 말을 변형하자면, 그러므로 퀴어가 된다는 것은 이러한 슬픔을 물려받는다는 뜻이다.[1] 세상이 숨기기를 요구하는 퀴어들의 자격 없는 슬픔은 그들의 몸에 고스란히 축적된다. 슬픔 주머니로서의 몸. 동시에 세상이 바라는 행복이 덕지덕지 투사된 이 몸은, 그 자체로 퀴어들 자신에게 디스포리아를 유발한다. 퀴어들의 몸, 정확히는 몸 이미지는 두 개로 찢어져 있다. 한쪽에는 세상이 원하는, 세상에 적응한 행복한 몸이 있다. 다른 한쪽에는 세상에게서, 그리고 우리 자신에게서 버림받은 슬픈 몸이 있다. 그래서 타자의 가장 강력한 은유인 거울 앞에서 퀴어들은 자신의 온전한 몸을 찾지 못하고 분열한다. 거울 앞에서, 타자 앞에서 둘로 찢어진 퀴어들의 몸은 슬픔이 새어 나오는 틈새를 봉합하지 못한다. 어쩌면 이 글이 밀어붙이게 될 주장처럼, 그래야만 할 수도 있고 말이다.

거울 앞에서 디스포리아를 느끼는, 슬픈 퀴어의 첫 번째 얼굴로 미셸 푸코를 거론하는 건 결코 무리가 아니다. 미셸 푸코Michel Foucault의 『헤테로토피아Les hétérotopies』에서 가장 무시무시한 대목일, 그가 거울을 보고 자신의 외모를 객관적으로 서술 혹은 비평하는 부분을 보자. "눈앞 거울에 피할 수 없는 이미지가 나타난다. 야윈 얼굴, 구부정한 어깨, 근시의 눈, 민둥머리. 정말 못생긴 모습.

---

1 원 문장은 다음과 같다. "페미니즘을 계승한다는 것은 슬픔을 계승한다는 뜻일 수도 있다(To inherit feminism can mean to inherit sadness)." 사라 아메드, 『행복의 약속』, 성정혜, 이경란 옮김(서울: 후마니타스, 2021), 138.

그리고 내 머리라는 이 추한 껍데기, 내가 좋아하지도 않는 이 철창 속에서 나를 보여주며 돌아다녀야 한다. 바로 그 창살을 통해 말하고, 바라보고, 남에게 보여져야 한다. 이 피부 아래 머물며 썩어가야 한다."[2] 놀랍도록 부글대는 자기혐오("정말 못생긴 모습")가 텍스트의 표면을 뚫고 솟아오른다. 처음 이 문장을 읽었을 때 나는 동류 의식을 동반한, 둔중한 충격을 받았다. 푸코씩이나 되는 철학자도 이런 생각을 한다고? 정확히 말하자면, 푸코씩이나 되는 철학자도 이렇게나 '동성애자' 같은 생각을 한다고? 자긍심을 북돋는 단어인 퀴어[queer] 대신, 정신병리에 속했던 자신의 과거를 잊지 못하는 동성애자[homosexual]라는 단어는 푸코에게 썩 잘 어울린다. 이어서 그는 우리가 몸이라는 장소를 잊기 위해 유토피아를 탄생시켰을 것이라 가정하며 다음과 같이 질투심 어린 문장을 쓴다. "요정의 나라가 있다면 거기서 나는 매력적인 왕자가 되고, 눈꼴신 멋쟁이 젊은이들은 모두 새끼 곰같이 흉하고 털이 잔뜩 난 모습이 될 것이다."[3] 거울 앞에서 푸코는 세상이, 그리고 스스로가 내면화한 이상인 "매력적인 왕자"가 될 수 없는 "추한 껍데기"인 자기 자신의 얼굴을 본다. 어쩌면 『헤테로토피아』의 기획 전체에서 가장 개인적이고 그러므로 치명적일 대목을 쓰면서, 푸코는 자신의 슬픔을 수치심 속에서 헤집어보기도 했을까? 아니

---

2 미셸 푸코, 『헤테로토피아』, 이상길 옮김(서울: 문학과지성사, 2014), 28.
3 미셸 푸코, 『헤테로토피아』, 29.

면 이 대목이 갖는 기능상의 필요만을 온전히 의식했을까? 어찌 되었건 덕분에, 그는 '슬픈 퀴어 아카이브[4]'의 중요 인사가 된다.

당시에는 '인버트invert'라 불렸고 현재로선 FTM 레즈비언에 가까울 『고독의 우물 The Well of Loneliness』의 주인공 스티븐이 거울 속 자신의 몸을 보고 읊조리는 대목 역시 슬픈 퀴어 아카이브의 명예의 전당에 오를 만하다. "그날 저녁 그녀는 거울에 비친 자신의 모습을 바라보았다. 근육질의 다부진 어깨, 작고 단단한 젖가슴, 운동선수처럼 날렵한 옆모습을 가진 자기 몸을 싫어하면서도 물끄러미 바라보았다. 평생 동안 그녀는 영혼을 죄는 기괴한 족쇄와도 같은 이 몸을 끌고 다녀야 했다. (…) 그녀는 자기 몸을 애통해하면서 연민에 가득 찬 손가락으로 자기 젖가슴을 만지고 어깨를 쓰다듬었다. 자기 손으로 쭉 뻗은 허벅지를 쓰다듬어 내려갔다. 아, 불쌍하고 가장 버림받는 몸이여!"[5] 그에게 그저 달려 있을 뿐인 "기괴한 족쇄"인 몸은 자신과는 아무런 상관도 없이 아름답다. 다소 자아도취적인 이 대목에서 우리는 슬픈 스티븐이 꿈꾸는 자신의 몸 이미지와 그로부터 버림받은 행복한 몸, 이성애―재생

---

4 사라 아메드의 표현인 "불행한 퀴어 아카이브(unhappy queer archive)"를 변형한 것이다. 사라 아메드, 『행복의 약속』, 164.

5 래드클리프 홀, 『고독의 우물 1』, 임옥희 옮김(파주: 펭귄클래식코리아, 2008), 교보문고 e-book 어플리케이션 90.

산 시스템에서 완벽히 건강하게 기능하는 여성의 몸 사이에서 일어나는 분리를 본다. 스티븐은 스티븐이 원하는 이상적인 몸으로 있을 수 없어서 불행하고, 또한 '기괴한 족쇄'인 자신의 몸을 세상에 양보할 수도 없기에 불행하다. 한편 평생 남장을 하고 살았던 스티븐의 창조자, 래드클리프 홀Radclyffe Hall은 당대 '동족' 집단에서도 단연 이해받지 못하는 슬픈 몸이었던 것 같다. "로메인은 래드클리프 홀과 [그의 파트너인] 우나 트루브리지의 남장이 우습다고 생각했다(…)"[6] ……이 짧은 문장에서 나는 찌르르한 슬픔이 전염되는 것을 느낀다.

동시대 슬픈 퀴어들 역시 거울을 보며 세상이 바라는 행복이 투사된 자신의 몸 이미지와 그저 슬픔 주머니에 불과한 자신의 육체 사이에서 격렬한 디스포리아를 경험한다. 이들은 지금도 어디에선가 푸코나 홀처럼 그러한 경험에 대해 길게 쓸 것이다. 아니면 우선 셀피를 찍거나.

2010년대 미국에서 등장한 용어인 '제4세대 페미니즘'은 주로 SNS와 온라인 커뮤니티를 중심으로 결집된 (비교적 젊은 세대의) 페미니스트들의 특수한 행동주의적 양식들을 포함하는 용어

---

6   안드레아 와이스, 『파리는 여자였다』, 황정연 옮김(서울: 에디션더블유, 2008), 161.

다. 국내의 경우 2015년 '메갈리아'의 등장 이후 폭발적으로 가시화된 '넷페미'들의 양상이 바로 제4세대 페미니즘의 한 예시가 될 것이다. 이런 맥락 속에서 '셀피 페미니즘selfie-feminism'은 지난 10여 년간 페미니즘-행동주의의 한 방법론으로 자리 잡았다. 통상 '셀카'로 번역될 수 있는 '셀피'는 휴대용 전화기의 보급과 함께 널리 퍼진 셀프 포트레이트self-portrait(자화상 또는 초상 사진)의 한 종류로, 주로 여성들이 찍는다는 편견 또는 사실 때문에 진지하지 못한 사진의 하위 장르로 취급되어 왔다. 이렇게 셀피에 주어진 낙인까지 긍정하는 '셀피 페미니즘'은 성차별주의·이성애중심주의·정상신체주의가 억압하는 소수자의 자기표현을 해방하고 소수자의 자긍심을 고취하기 위한 전략으로서 고안되었다. 미국에서는 페트라 콜린스Petra Collins, '슬픈 소녀 이론Sad Girl Theory'의 오드리 월런Audrey Wollen과 같은 예술가들이 연약하고 우울한 '마른 백인'의 '텅 빈' 자아 이미지를 연출해 이를 '소녀적 공격성'으로 재전유하는 예술-실천을 펼친 바 있다. 이 글에서는 충분히 다루지 못하겠지만 국내에서는 팀 W/O F.Without Frame가 동명의 잡지 『Without Frame!』(2023년 11월 현재, 2호까지 발간)을 통해 (셀프) 포트레이트 또는 셀피를 소수자들의 정치적·미학적 '말하기'의 일부로 다루고자 시도하고 있다.

1992년생의 젊은 예술가이자 제4세대 페미니즘의 흐름 속에서 성장한 오드리 월런은 자신의 인스타그램 피드를 전시장으로 사용한다. 그는 미술사적으로는 권위있고 여성주의적 관점에서는 널리 비판받아온 익숙한 이미지들을 차용해, 자기 자신을 주인공 삼는 셀피를 찍는 작업으로 유명하다. 그의 셀피 시리즈 중에서 가장 널리 알려진 작업 중 하나는, 통증관리센터나 병원을 배경으로 환자용 의복이나 장치를 착용한 채 패션지 스타일로 사진을 찍어 인스타그램에 업로드한 것이다. 병실에서 셀피를 찍는 행위는 모든 것이 정량화·제도화·수치화된 의료제도의 시스템에서 "작은 자율성 a small bubble of autonomy"[7]의 빈틈을 열어준다. 월런은 "자신의 삶의 비율을 계산하고 잘라내고 봉합하는 낯선 사람들" 앞에서 "[스스로] 자율성이 없는 인형, 마네킹처럼 취급되지 않는다고 느끼기란 어렵다"라고 말한다.[8] 하지만 셀피를 통해 자신의 몸을 몇 번이고 기록하는 수행/상연 performance을 통해 그는 자기 자신이 여전히 예술적 언어로 말할 수 있는 "한 인간 a person"[9]임을 확인할 수 있다. 동시에 그는 자신의 '비건강'함에 도취된 부정적 이미지를 전시함으로써, '건강' 개념이 은폐하고 있는 남성·재생산·정상신체중심적인 이데올로기에 저항하고 이를 공격하고자 한다. "우리의 증상 symptoms은 우리의 무기로 변형될 수 있다. 우리

---

7   Emily Wells, "Audrey Wollen's Feminist Instagram World," *Artillery Magazine*, May 3, 2016, https://artillerymag.com/audrey-wollens-feminist-instagram-world/.
8   Emily Wells, "Audrey Wollen's Feminist Instagram World."
9   Emily Wells, "Audrey Wollen's Feminist Instagram World."

의 증상은 힘strength이 어떤 모습일 수 있는지에 대한 새로운 이미지를 만들어낼 수 있다"는 것이다.[10]

물론 우리는 월런의 방법론 자체에 의문을 제기하고 싶은 마음을 참기 어려울 수 있다. 오늘날처럼 SNS를 통한 자기 홍보와 자기과시가 넘쳐나는 상황에서, 아니 어쩌면 그런 디지털 '잡일'이라는 조건 없이는 자기표현이 거의 불가능한 상황에서, 자신의 방법론을 "존재하기 또는 생존하기의 방법론"[11]이라 정의하는 것은, (그의 '사진을 찍을 만한' 외모, 스타일에 대한 지적은 차치하고서라도) 디지털 매체가 매개하는 주체화-예속화의 과정을 간과한, 지나치게 순진한 서술이 아닌가? 어쩌면 '셀피'는 살기 위한 방법이 아니라, 단지 죽어가기의 기록이 아닌가? 『아름다움의 구원 Die Errettung des Schönen』에서 한병철은 다음과 같이 말한다. "셀카는 공허한 형태의 자아이다. 셀카는 공허를 생산한다. 나르시시즘적인 자기애나 허영심이 아니라 내면의 공허가 셀카중독을 낳는다. (…) 여기서 우리가 확인할 수 있는 것은 부정적 나르시시즘이다."[12] 그러나 이에 대해 월런은 다음과 같이 반박할 것이다. 부

---

10 Emily Wells, "Audrey Wollen's Feminist Instagram World."
11 Ava Tunnicliffe, "Artist Audrey Wollen on the Power of Sadness," *NYLON*, July 20, 2015, https://www.nylon.com/articles/audrey-wollen-sad-girl-theory.
12 한병철, 『아름다움의 구원』, 이재영 옮김(서울: 문학과지성사, 2016), 26.

정적 나르시시즘, 그것이야말로 영원히 여성적인 것으로 여겨져 왔다고. 아무것도 생산하지 못할, 끝내 자기 자신을 파괴할 부정적 나르시시즘의 말 없는 자매들인 우울, 수치, 불안과 같은 감정들은 애당초 슬픈 소녀들의 몫으로 지상에 남겨진 것이라고. 그러므로 월런은 슬픈 소녀 이론을 통해, 소녀들의 슬픔의 역사를 (성차별적인 세상에 대항해) 소녀들이 반응하고 저항해 온 역사로 재탄생시키자고 제안한다. 달리 말해 그것은 부정적 나르시시즘의 편에 서기를, 그와 함께 (그 끝이 공허일지라도?) 가속하기를 택하는 것이다. "소녀들의 슬픔은 조용하거나, 약하거나, 부끄럽거나, 멍청하지 않다. 그것은 활동적이고, 자율적이며, 명료하다. 그것은 반격의 한 방법이다."[13] 이처럼 오드리 월런의 '셀피'는 행복한 정상 신체의 이상과 불행한 퀴어 육체 사이의 디스포리아를 지우는 것이 아니라 오히려 증폭하는 디지털 '잡일'이자 정치적·미학적 실천이다. 셀피를 옹호하며 나는 기꺼이 '슬픈 소녀 이론'의 '소녀'를 '퀴어'로 바꿔 읽는다.

마지막으로 이 글을 쓰는 내내 내게 들러붙어 있던 이미지를 언급하고 싶다. 그것은 작가 조이솝의 전시 《사우다드: 데드 네이밍

---

13 Ava Tunnicliffe, "Artist Audrey Wollen on the Power of Sadness."

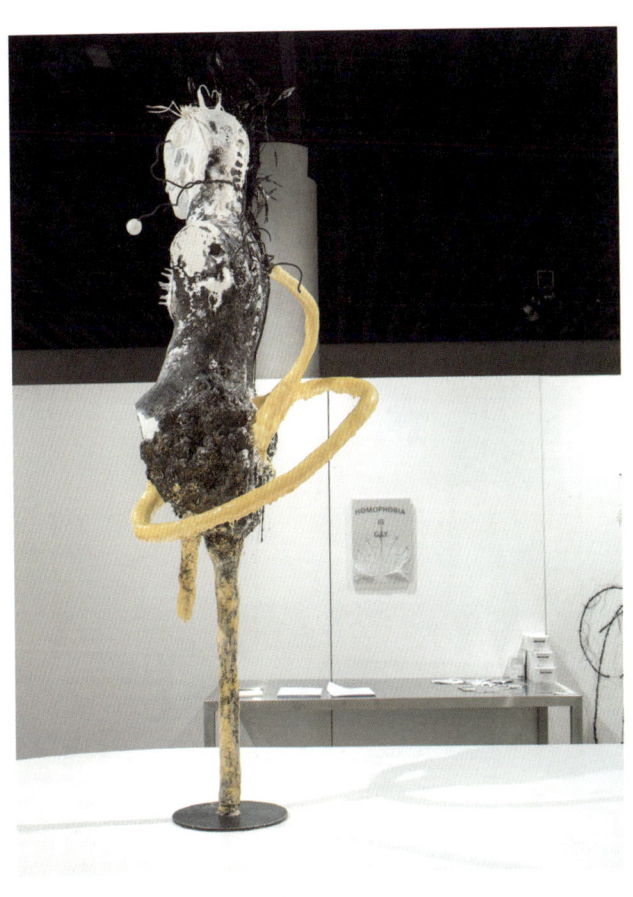

조이숍, 〈데드네임: 25〉, 2020–2022, 회화, 레진에 아크릴과 유화, 다양한 구슬들, 흑연, 깃털, 진주, 크롬 잉크, 구운 철사와 혼합매체, 221×88×68cm. ⓒ전명은

조이솝, 〈ggg〉, 2021, 단채널 영상, 6분 11초

SAUDADE: Dead Naming》(2022.5.27–7.10, 김종영미술관)이다.[14] 전시 제목의 '사우다드'는 포르투갈어로 이제는 부재하는 대상이나 인물에 대한 사무치는 그리움을 뜻하고, 부제에 직접적으로 적힌 '죽음dead'은 전시가 작가 자신의 상실과 관련되어 있음을 암시한다.[15] 털실, 비즈, 조화와 같은 키치한 재료들을 주로 사용하는 희고 검은 조이숍의 조각들은, 나에겐 한편으로 그것들이 조이숍의 '자소상(自塑像)'이기도 하다는 점에서 나르시시스틱한 에로티시즘과 연관되고, 다른 한편으로는 죽은 것을 더 죽은 것으로 만드는 사물의 숭고화와 연관되는 듯 보인다. 전시장은 비석 같은 흰 석고 판넬들로 에워싸여 있다. 중심에는 마치 무대처럼 설치된 좌대 위에 어디에도 발 붙이지 못하고 떠 있는 인체 조각들이 놓여 있다. 얼굴이 흐릿한, 얼굴이 파내인 인체 조각은 어딘가 미성숙하고 성별을 특정할 수 없는 몸을 하고 있다. 다리가 있어야 할 곳에 손이, 척추가 끝나야 할 곳에 꼬리 같은 형태가 비죽 삐져나온 인체 조각들은 사보타주 당한 그리스 조각상처럼 보이기도 하고, 바짝 타버린 인외의 시신처럼 보이기도 한다. 그 옆에 놓인 이전의 용도와 상관없이 변형된 의자는 기실 존재론적으로 인체 조각

---

14   다음의 웹사이트에서 전시도록을 열람할 수 있다. https://adocs.co/books/saudade-dead-naming/.

15   데드 네이밍(dead naming)은 트랜스젠더 혐오 표현의 한 수단으로, 트랜스젠더 당사자가 더 이상 쓰지 않는 과거의 이름을 고의로 부르는 행위를 뜻한다.

들과 마찬가지의 상태에 놓여 있다. 제 가치를 잃고 죽은 사물. 따라서 무엇과도 대체 불가능한, 사물이기만 해도 되는 사물. 복제 또는 재생산 가능성이 말살된 괴상한^{queer} 조각들의 프릭쇼로부터 등을 돌리면 발견할 수 있는 것은 테이블 위에 놓인 흰 아이폰이다. 무심하게 놓인 아이폰에서 재생되는 것은 조이솝의 셀피와 그가 작성한 짧은 텍스트의 교차로 이루어진 6분 11초짜리 비디오다. 회색조의 영상 속에서 작가는 주로 무표정이다. 그러다 지나가듯 등장하는 '눈물 셀카'. 나는 어쩐지 눈을 떼지 못하고 영상을 끝까지 다 본다. 두 눈이라는 상처에서 새어 나오는 슬픔과 우연히 마주쳤기 때문에 마치 내가 책임이라도 져야 할 것처럼.

2장

단식 광대는 왜 춤추는가

알다시피 〈조커Joker〉는 모두를 기분 좋게 해줄 만한 영화는 못된다. 2019년 개봉한 〈조커〉는 영국의 대처리즘 시기를 연상시키는 신자유주의적 통치 양식 아래의 고담시에 거주하고 있는 코미디언 지망생인 아서 플렉Arthur Fleck이 어떻게 악명 높은 범죄자 또는 혁명가(!)인 조커로 거듭나게 되는지 보여준다. 이처럼 희대의 아나키스트이자 테러리스트의 아이콘인 조커의 탄생 기원을 다룬 〈조커〉는 만화를 원작으로 둔 영화로는 최초로 제76회 베니스국제영화제에서 황금사자상을 수상하기도 했다. 〈조커〉의 수상은 논쟁적이었다. 이는 영화의 나쁜 명성에 값하는 당연한 반응이었다. 왜냐하면 〈조커〉는 개봉하기 전부터 〈다크 나이트 라이즈The Dark Knight Rises〉의 상영관에서 "내가 조커다"라고 외친 남성이 일으킨 총기난사사건의 반복을 우려한 이들의 견제를 받았으며, 개봉하고 나서는 가난한 정신질환자 또는 남성 인셀incel(비자발적 독신주의자)이 행사하는 폭력을 지나치게 선정적으로 재현했다는 이유로 혹독한 비판에 처해졌기 때문이다. 국내에서 발표된 비평만 참조하더라도 그렇다. 손희정은 〈조커〉가 "스스로를 선량하고 억울한 피해자라고 주장할 뿐 영웅이라고 하지 않는" 아서 플렉과 "세계 인식"을 공유하는 인셀 관객들에 의해 "현실과 영화의 경계"가 사라진다고 보고, 이를 통해 〈조커〉가 "편재하는 폭력의 반복과 지속"을 강화한다고 진단했다.[1] 또한 김혜리는 〈조커〉가 자신이 의존하는 사회·정치적 사건·맥락들을 단지 "주인공의 곤경과 타락의 계기"로 전유하는 "탈역사적 관점"을 고집함으로써 "사회드라마로서 더없이 공허"해진다고 비판했다.[2] 『씨네21』은 '조커 찬반 평론'이라는 제목으로 두 상반된 입장을 대비하는 기획 기사를 발행하기도 했는데, 반대 측의 김병규는 〈조커〉가 "과잉의 수사화"를 통해 겨우 "예측 가능한 파국의 형태와 접합"함으로써 "파렴치하게 반동적"인 영화로 전락했을 뿐이라고 지적했다.[3] 한편 찬성 측의 박지훈은 〈조커〉가 "폭력을 반추하게 한다는 점" "언어로부터 소외된 자들이 자신의 언어를 찾는 과정과 세계를 재구성하는 경로를 보여준다는 점" "시대의 징후를 보여준다는 점"을 들며 〈조커〉를 옹호했다.[4] 어느 쪽에 동의하든, 이들의 비평적 논의가 SNS에서 격한 동의 또는 신랄한 비난을 받으며 〈조커〉라는 하나의 현상을 지속케 했음은 더 말할 필요가 없겠다.

---

1 손희정, 「조커, 어느 인셀의 탄생」, 『경향신문』, 2019년 10월 7일, https://www.khan.co.kr/opinion/column/article/201910072047005#c2b.

2 김혜리, 「김혜리의 영화의 일기: 웃는 남자」, 『씨네21』, 2019년 10월 23일, http://www.cine21.com/news/view/?mag_id=94097.

3 김병규, 「조커 찬반 평론—반대: 〈조커〉의 폭력, 엉성한 난장」, 『씨네21』, 2019년 10월 17일, http://cine21.com/news/view/?mag_id=94059.

4 박지훈, 「조커 찬반 평론—찬성: 〈조커〉의 폭력을 어떻게 읽을 것인가의 문제와 우리 시대의 문제」, 『씨네21』, 2019년 10월 17일, http://cine21.com/news/view/?mag_id=94058.

〈조커〉의 한 장면

다른 조커들과 아서 플렉은 어떻게 다른가? 여러 매체는 〈조커〉가 조커의 기원을 다룬 첫 시도라고 보도했다. 하지만 비인간적인 안타고니스트인 조커의 개인사를 조명한 작품이 영화 〈조커〉가 처음은 아니다. 『브이 포 벤데타 V for Vendetta』, 『왓치맨 Watchmen』과 같은 굵직한 작품을 만든 작가 앨런 무어 Alan Moore가 브라이언 볼랜드 Brian Bolland와 만든 단편 그래픽 노블인 『배트맨: 킬링 조크 Batman: The Killing Joke, 이하 『킬링 조크』』가 대표적인 예시다. 배트맨이 조커의 농담에 한바탕 호탕하게 웃는 결말로 유명한 이 작품에서 조커는 "단지 운 나쁜 하루" 때문에 미쳐버린, 가난하고 비참하고 배신당한 코미디언으로서의 과거를 가진 인물로 묘사된다. 더욱이 『킬링 조크』의 "단지 운 나쁜" 조커는 배트맨과 자신의 공통점을 장광설로 끊임없이 설파하며 배트맨의 실존에 위협을 가함으로써 자신이 배트맨의 짝패, 분신임을 적극적으로 암시한다. 요컨대 "너도 그랬잖아, 맞지? 장담할 수 있어. 너도 운 나쁜 하루 때문에 모든 게 변했잖아"[5]와 같은 대사를 통해서 말이다. 마찬가지로 2008년 개봉한 〈다크 나이트 The Dark Knight〉의 히스 레저 Heath Ledger가 연기한 조커 역시 은근슬쩍 자신의 불우했던 어린 시절을 누설하는데(그 유명한 대사인 "뭐가 그리 심각해, 아들? Why so serious, son?" 말이다), 이는 그것의 진실 여부와는 별개로

---

5   Alan Moore and Brian Bolland, *Batman: The Killing Joke* (California: DC Comics, 2014).

대부분의 관객들에게 어쩌다 그가 파괴적인 성향을 갖게 되었는지 추측할 수 있게 해주는 단서처럼 기능한다. 격렬한 취조실 장면에서 조커는 기원상 자신과 배트맨이 거울상일 수밖에 없다고 주장하며 그의 자기 의심과 자기 분열을 부추긴다. 이처럼 배트맨의 세계관에서 조커는 정의롭고 선량한 영웅인 배트맨이 기실 "날아다니는 쥐의 복장"[6]을 한 괴물이기도 하다는 사실을 일깨우지만, 이러한 정체성의 위기는 조커가 체포됨으로써 안전히 봉합된다. 결말부에서 항상 조커는 법 뒤로 사라지거나 사라져야만 한다. 바로 이 지점에서 〈조커〉의 조커는, 알고 보면 배트맨만큼이나 제정신인 『킬링 조크』의 조커를 포함해 지금까지 다른 조커들이 표방해온 악마적인 천진난만함을 갖춘 성상파괴주의자(1989년 작 〈배트맨Batman〉의 잭 니콜슨Jack Nicholson), 그리고 감정을 거의 드러내지 않는 영리한 사이코패스(〈다크 나이트〉의 히스 레저)와 완전히 구분된다. 〈조커〉의 조커는 배트맨의 가장 강력한 적수라는 역할과 극 중의 위기 구사를 위해 자신을 희생하지 않는다. 그에게 배트맨이라는 외부이자 완벽한 연인[7]은 없으며, 앞선 비평들이 이미 지적한바 해답도 대안도 없는 파괴적이고 부정적인 나르시시

---

6   Alan Moore and Brian Bolland, *Batman: The Killing Joke*.
7   〈다크 나이트〉에서 조커는 배트맨에게 이렇게 말한다. "넌 나를 완성시켜(You complete me)." 〈제리 맥과이어(Jerry Maguire, 1996)〉에서 이 말은 고백의 대사이기도 하다.

즘만 있을 뿐이다. 〈조커〉는 시작부터 그가 대사 그대로 "항상 부정적인 생각뿐All I have are negative thoughts"인 자아도취적 사회부적응자에 우울과 망상을 겪는 정신질환자임을 분명히 보여준다. 또한 조커는 화이트칼라인 남성 셋을 죽인 '각성' 이후로는 뻔뻔할 정도로 교육적인(?) 태도로 생방송에서 테러를 감행하는 극단적인 선택을 하기까지 한다. 망상인지 현실인지 불분명한 결말부에서 그는 상담사는 물론이고 관객들에게도 자기 설명 또는 소통을 포기하는 것처럼 보인다. "당신은 이해하지 못할 거야You wouldn't get it." 그러니 사회적으로도 정서적으로 고립된 실패자인 〈조커〉의 조커, 아서 플렉을 동시대 폭력적 남성 인셀의 한 모범처럼 이해하는 것은 무리가 아니다. 이러한 남성 인셀들과 어떻게 연대할지, 혹은 그들에게 어떻게 접속할 수 있는지는 물론 별개의 문제다.

〈조커〉의 가장 큰 문제는 배트맨이라는 외부의 부재도, 그럴싸한 정치적 메시지의 결여도 아니다. 진짜 문제, 어쩌면 유일한 문제는 아서 플렉의 몸이다. 앞서 소개한 비평들에서도 짧게 거론된 바 있는 아서 플렉의 몸의 특징들—"뒤틀린 고목이나 해저생물" "견갑골 연기"(김혜리) "휘어진 육체"(김병규)—은 '그'라는 인물을 묘사하기 위해 동원된 부수적 옵션이 아니라 '그'의 전부다. 그러므로 깡마른 채로 웃고 달리고 춤추는 아서 플렉의 몸은 〈조커〉에서 시각적으로 가장 집요하게 묘사되는 대상일 수밖에 없다. 감히 추측하건대 〈조커〉를 즐길 수 없었던 많은 관객들은 영화가 표현하는 바로 그 몸의 아름다움에 불쾌감을 느꼈던 것이 아닌가 싶다. 아서 플렉의 기이할 정도로 마른 몸은 그 자체로 그를 관통했던 정신적·신체적 학대와 고된 노동의 시간이 축적된 증거물이며, 그가 가진 '부정적인 생각들'만큼이나 그의 유일한 자산이다. 부적절한 상황에서 갑자기 웃음이 터지는 그의 병이 치유될 수 없거나 또는 치유되기를 거부하는 것처럼, 그의 몸은 고집스럽게 그 어떤 영양분도 거부하는 듯 보인다. 그의 몸은 먹지 않음으로써 말없이 배신하고, 저항한다. 무엇에 대해서? 어머니와 함께하는 식사가 강제하는 가족적인 분위기에 대해서, 그를 상처 입히는 동료들과의 친목에 대해서, 노동시장이 요구하는 일할 수 있는 몸의 규격에 대해서, 무엇보다 그의 인간됨을 보장하는, 섭취와 배설이라는 유기체적 절차에 대해서. 그의 마른 몸은 그가 그런 식으로 살아가기로 결정한 삶의 양식들, 그러니까 '인간적인 삶의 거부'라는 결정 속에서 배양된 삶의 양식들을 대변한다. 그런 이유로 아서 플렉을 연기하는 호아킨 피닉스Joaquin Phoenix의 깡마른 몸, 깡마르다 못해 어딘가 비틀린 것처럼 보이는 몸은 〈머시니스트The Machinist(2004)〉에서 불면에 시달리며 말라가는 크리스천 베일Christian Bale의 몸과는 다르고, 〈헝거Hunger(2008)〉에서 아일랜드의 독립을 위해 단식 투쟁을 벌이느라 야위어가는 마이클 패스밴더Michael Fassbender의 몸과도 다르다. 아서 플렉은 마치 먹지 않는 자신의 몸을 스스로 즐기기라도 하듯이 먹지 않는다. 이는 이전의 조커들이 최소한 한 번은 음식에 손을 댄다는 점을 고려할 때

더욱 예외적이다. 우리는 이런 아서 플렉의 몸을 섭식장애, 그중에서도 거식증을 죽음 본능이 성차화된 결과로서 의미화한 엘리자베스 그로츠Elizabeth Grosz의 문장과 함께 재발견할 수 있다. "거식증은 여성 육체에 부여된 사회적 의미에 대한 항의의 한 형식이다. 단순히 날씬한 몸매에 대한 당대의 가부장제적 이상과 무절제하게 공모한 것으로 거식증을 해석하기보다는 바로 그 가부장제의 "이상"을 정확히 체념한 것으로 거식증은 해석되어야 할 것이다."[8] 그로츠와 마찬가지로 질 들뢰즈Gilles Deleuze는 거식증을 "자기 자신이 소비의 대상이 되지 않기 위해서 소비의 규범들로부터 벗어나기"로 정의하며 그 몸 자체가 "하나의 정치, 말하자면 미시 정치"를 작동시키고 있음을 분명히 한다.[9] 이러한 관점을 따라 우리는 아서 플렉을 자본주의 내에서 일하는 몸, 기능하는 몸, 그리하여 정상적이고 인간적인 몸이라는 이상을 거부하는 기이한 몸을 체현하는 예외적인 광대로 이해할 수 있게 된다. 우리가 자기 자신의 마른 상태에 도취된 것처럼 하느작거리며 춤을 추는, 경찰을 피해 재빠르게 달리는 아서 플렉의 몸이 뜻밖의 에너지로 충만해 보인다는 사실을 비로소 발견할 수 있게 되는 것도 이 지

---

8 엘리자베스 그로츠, 『뫼비우스 띠로서 몸』, 임옥희 옮김(서울: 여이연, 2001), 113.
9 질 들뢰즈, 클레르 파르네, 『디알로그』, 허희정, 전승화 옮김(서울: 동문선, 2005), 196.

점에서다. 내부 없이 문자 그대로 텅 빈 그의 비유기체적인 몸은 금속성의 삐걱거리는 소리를 내면서 잘도 달린다. 첫 번째 살인 이후 무작정 내달린 그는 공중 화장실로 숨어들어가 몇 번 숨을 고르지도 않고 곧장 '이상한' 춤을 춘다. 자신의 온몸을 느끼며 혼자 추는 춤. 어쩌면 그는 어디서도 본 적 없고 어디에도 속하지 않을 그런 춤을 추기 위해 앞으로의, 그리고 나중의 모든 행보를 희생하고 있는 것은 아닐까? ("헤이, 아서. 당신 정말 대단한 댄서네요.Hey, Arthur. You're a really good dancer" "나도 알아요.I know")

물론 아서 플렉의 극단적으로 마른 몸을 그 자체로 긍정하기에는 위험 부담이 뒤따른다. 그가 자신의 영양실조 상태의 몸을, 또는 그런 몸과 함께 (주로 춤을 통해) 즐기고 있다는 사실이 명백하기에 이는 마치 느릿한 자살처럼 보일 수도 있다. 더군다나 아서 플렉을 연기한 호아킨 피닉스는 자신의 체중 감소 경험이 얼마나 쾌락적이었는지를 가벼운 태도로 증언하기까지 한다. 그는 〈조커〉에 출연하기 위해 "하루에 사과 한 알an apple a day"—흥미롭게도 이는 유명한 섭식 장애 당사자의 수기 제목이기도 하다[10]—을 먹으며 52파운드(약 23킬로그램)을 감량하고 메소드 연기를 펼

---

10 'An Apple a Day'라는 영어 원제의 책은 국내에 번역되어 있다. 다음을 참고. 엠마 울프, 『하루에 사과 하나—사랑과 거식증 치유의 기록』, 이은선 옮김(서울: 새움, 2013).

침으로써 이전 세대의 조커들인 잭 니콜슨, 히스 레저와 구분되는 자신만의 조커를 완성했다고 말한 바 있다.[11] 그는 몇몇 인터뷰에서 전형적인 섭식장애 당사자처럼 말한다. "[52파운드를 감량하는 것은] 힘을 준다. (…) 왜냐하면 그런 식으로 자신을 통제할 수 있기 때문이다." 혹은 더 위험하게는, "일단 목표 체중에 도달하면 모든 것이 바뀐다. 마치 매일 일어난 뒤에 가장 어려운 일이 0.3파운드(약 136그램)에 집착하는 게 되어버리는 것처럼 말이다. 이것은 장애처럼 발달한다. (…) 하지만 내가 예상하지 못했던 것은 육체적으로 느끼는 유동적인 감각이었다. 그동안 할 수 없었던 방식으로 몸을 움직일 수 있을 것 같았다. 그리고 나는 그것이 캐릭터의 중요한 부분으로 떠오르기 시작한 물리적 움직임에 정말로 도움이 되었다고 생각한다."[12] 그의 이런 발언을 두고 가장 먼저 반응한 이들은 물론 섭식장애를 경험했거나 경험하고 있는 당사자들이다. 몇몇은 남성 연기자인 호아킨 피닉스의 발언이 (특히 대부분의 당사자가 여성인) 섭식장애를 향한 오해를 강화한다

---

11 GQ STAFF, "An Apple A Day Helped Joaquin Phoenix Lose More Than 23KG For The Joker," *GQ*, Sep 23, 2019, https://www.gq.com.au/fitness/health-nutrition/an-apple-a-day-helped-joaquin-phoenix-lose-more-than-23kg-for-the-joker/news-story/1d4cf4025b2464a54fc45cfecad96d47.

12 Lindsey Bahr, "Joaquin Phoenix on 'Joker' weight loss, dance and De Niro," *AP news*, Sep 30, 2019, https://apnews.com/article/9dfc87d4243e4f4abdfa7b03b05e71a1.

고 주장한다. "[섭식장애는] 예술이 아니라 천천히 육체를 파괴하는 죽음의 행진이다."[13] 한편 〈조커〉가 무엇보다 정신질환에 대한 영화임을 이해하며, 호아킨 피닉스가 섭식장애에서 벗어나길 기원하는 당사자도 있다. "매니악한 웃음, 떨리는 손, 명백한 기괴함, 정신 나간 춤을 통해 내 관심을 가장 끌어당긴 아서 플렉의 다른 특징은 바로 몸무게였다. (…) 호아킨 피닉스가 (희망컨대) 지금은 더 나은 곳에 있길 바란다."[14]

물론 이러한 의견들은 몇 안 되는 〈조커〉의 몸 재현에 대한 비판적인 시각을 제공해주지만 〈조커〉에서 재현된 아서 플렉의 몸과 호아킨 피닉스의 몸을 분리하지 못함으로써 결국 도덕적인 결론에 이른다. 따라서 아래와 같은 질문들은 여전히 해결되지 않은 채 남아 있다. 만약 아서 플렉의 몸이 "천천히 육체를 파괴하는 죽음의 행진"이자 "부정적인 생각"을 작동시키기 위해서만 바쳐진 기계일 뿐이라면? 만약 아서 플렉이 느릿한 자살 속에서만 얻을 수

---

[13] Courtney Enlow, "Hey, Joaquin Phoenix? What You're Describing Is an Eating Disorder," *Pajiba*, Oct 8, 2019, https://www.pajiba.com/film_reviews/hey-joaquin-phoenix-what-youre-describing-is-an-eating-disorder.php.

[14] Lexi Kayser and Amasil Fahim, ""Joker" and Eating Disorders: The Parallel We Need to Be Talking About," *Her Campus*, Nov 5, 2019, https://www.hercampus.com/school/slu/joker-and-eating-disorders-parallel-we-need-be-talking-about/.

있는 인식론적 앎을 포기하지 않는다면? 심지어 그 앎이 쾌락적이기까지 하다면? 슬라보예 지젝Slavoj Žižek의 말처럼 "내용 없는 자기 파괴의 형태로 추락"하는 몸이 추는 〈조커〉의 자아도취적인 춤은, 이 지점에서 "우리가 현존하는 질서를 없애기 위해 이 영점을 지나야만 한다고 말하는 데 있다"는 수긍할 만한 교훈으로 수렴되지 않는다.[15] 춤은 여기서 다른 어딘가로 이행하기 위한 절차가 아니다. 춤은 그냥 춤이다. 몸도 그냥 몸이다. 〈조커〉 속에서 우리는 아무것도 먹지 않고 오로지 "부정적인 생각"들로 가득 찬 한 몸이 어떻게 스스로를 위한 쾌락을 생산할 수 있는지를 본다.

---

15 Slavoj Žižek, "More On Joker: From Apolitical Nihilism to a New Left, or Why Trump is No Joker," *The Philosophical Salon*, Nov. 11, 2019, https://thephilosophicalsalon.com/more-on-joker-from-apolitical-nihilism-to-a-new-left-or-why-trump-is-no-joker/.

3장

뉴플 스케치[1]

---

1   이 글의 제목인 「뉴플 스케치」는 도리스 레싱(Doris Lessing)의 『런던 스케치』(*London Observed: Stories and Sketches*)를 차용한 것이다. 이 글을 쓴 시점인 2023년 5월 당시에 뉴플(뉴플로우)은 서울시에 위치한 3곳의 레즈비언 클럽 중 하나였다. 2018년 개업한 뉴플은 다른 두 클럽인 에이스, 앰비션에 비해 오래되고 규모가 컸다. 지난 5년간 나름대로 대표성이 있는 이름이었던 셈이다. 이 글에 나오는, '이곳'에서 벌어지는 대부분의 장면들은 뉴플과 에이스에서 겪은 나의 경험을 재구성한 것이다. 지금은 없어진 두 클럽, 라리(라브리스)와 핑크홀에서의 경험에 관하여는 필자의 다음 두 편의 글을 참고하라. 「레즈비언 클럽이 구딘 이유」 https://blog.naver.com/hotleve/220007980251, 「Leaving Labris(라브리스를 떠나며)」 https://blog.naver.com/hotleve/220803450286. 이 두 편의 글과 마찬가지로, 공교롭게도 「뉴플 스케치」 역시 지금은 없어진 클럽에 대한 글이 되었다. 2023년 11월 현재 뉴플은 폐업하고 없다. 뉴플이 있던 공간에는 스팟이라는 이름의 새로운 레즈비언 클럽이 개업했다.

언제나 처음 10분이 문제다. 10분 내에 이곳을 즐길 마음을 먹지 못한다면 곧장 귀가하는 게 낫다. 입장하자마자 따귀라도 맞은 듯 얼떨떨한 당혹감에 온몸이 얼어붙겠지만 서둘러야 한다. 주의: 이미 취한 여자들을 쳐다보지 말 것. 어설픈 관심은 언제나 재앙으로 돌아온다. 시지각을 마비시키는 강렬한 사이키 조명과 귀청을 때리는 몰취향한 클럽 믹스셋에 스스로를 적응시키는 데 온 힘을 집중해야 한다. 무엇보다 이곳에 이미 적응한 적나라한 몸들에 적응해야 한다. 얼마 전에는 틱톡에서 유행하는 음악인 〈2 phút hơn〉이 나왔다. 모두가 즐거워하며 매스게임이라도 하듯 일제히 좌우로 격렬하게 엉덩이를 흔들어댔다…. 엉덩이를 흔드는 팸femme들을 구경하는 부치butch들만 빼고. 그들의 눈은 어둠 속에서도 반짝이며 빛났다.

어떻게 묘사해도 거북스러운 이런 광경을 버텨내기 위해서는 빠르게 취하는 것도 방법이다. 하지만 술을 너무 많이 마셔서는 안 된다. 취하면 원하는 만큼 놀 수 없기 때문이다. 그런데 내가 오늘 놀고 싶은가? 아니면 이대로 집에 가고 싶은가? 재차 강조하건대 중요한 건 마음을 먹는 일이다. 마음만 먹을 수 있다면 거기가 어디든, 심지어 레즈비언 클럽이라 해도 놀 수 있을 것이다. 나는 안다. 이제 10분 내에 모든 것이 판가름 날 것이다. '이걸 넘어서야 해.' 속으로 생각한다. '이 곳의 분위기와 하나가 되지 못한다면 아무것도 즐기지 못하게 될 것이다. 이곳과 이곳의 사람들을 혐오

하는 마음을 완전히 잊어야만, 지워야만 한다.' 왜냐하면 공자 왈, 알기만 하는 사람은 좋아하는 사람만 못하고, 좋아하는 사람은 즐기는 사람보다 못하기 때문이다(知之者 不如好之者 好之者 不如樂之者). 나는 이 말을 천계영의 만화『오디션』에서 처음 봤다. 그래, 될 것도 같다. 즐길 수 있을 것도 같다. 프리 드링크로 받은 테킬라의 효과. 뱃속이 불이라도 난 듯 뜨거워지며 취기가 오른다.

이곳에서 흘러나오는 도저히 적응할 수 없는 유행가들에 겨우 올라타 정신을 해방시키려는 찰나, 한껏 미소를 머금은 바니걸 복장의 노동자 두어 명이 세팅된 샴페인과 스파클러(폭죽의 한 종류), LED 조명이 번쩍이는 피켓을 들고 한 테이블을 향해 위풍당당하게 걸어간다. 이게 다 무슨 일이지? 아하, 저 테이블에서 샴페인을 시켰구나. 샴페인 주문에 대한 감사를 표하는 요란한 세리머니를 끝낸 후 바니걸 복장의 노동자들은 조용히 스테이지의 뒤편으로 사라진다. 자정 이후로는 이런 일들이 영원처럼 반복된다. 내 영혼은 조용히 경악한다. '여기서 나가야 해.' 이런 광경을 견딜 수 없는 이유는 내가 페미니스트라서도 아니고 레즈비언 혐오자라서도 아니다. 물론 둘 나일 수도 있다. 그러나 이번 경우에는 레즈비언들이 돈을 쓰고 노는 방식에 넌더리가 나서다. 아마도 그들은 그렇게 노는 방법 말고는 아무것도 모르는 모양이다. 이젠 측은한 마음이 스멀스멀 기어 나온다. 오만한 자세로 한껏 호들갑을 떨어대는 내게 일행이 말한다. "친구가 테이블 잡아놨대. 샴페인도 시켰대." 나는 별다른 고민도 없이 냉큼 일행의 뒤를 따르면서 레즈비언들이 돈을 쓰고 노는 방식 운운에 대한 무가치한 트집 같은 건 집어치운다.

빼곡히 클럽에 들어찬 인파를 뚫고 여기서 저기로 이동하고 나서야 레즈비언-몸의 덩어리가 제각기 얼굴이 있는 다른 몸들로 분리된다. 대부분은 20대 초반처럼 보이는 깨끗하고 빤빤한 얼굴들이다. 제일 이해하기 어려운 건 사방을 경계하며 자신의 긴 머리 여자친구를 강보에 싸인 아기처럼 감싼 부치와 그런 부치에게 안겨 있는 팸 커플이다. 이들은 전혀 춤을 추지 않는다. 이들은 그냥 서서 클럽에 모인 사람들을 노려보기만 한다... 도대체 왜? 물론 이들만 그런 건 아니다. 흡연 공간 근처에서는 어두운 색의 옷을 입은 한 무더기 짧은 머리의 사람들이 담배를 피우면서 서로를 노려본다. 마치 노려보기 위해 이곳에 온 것처럼. 물론 노려보는 건 중요한 일이다. 그렇지? 아무 때고 그럴 기회가 있는 건 아니니까. 때로는 누군가가 술을 사줄 것도 아니면서 내게 말을 건다. 이태원의 한 클럽에서 도어맨doorman, 아니 도어퍼슨doorperson으로 4년 동안 일하고 난 뒤에는 눈빛만 봐도 누가 나와 어설프게 알은체하고 싶어 하는지 알게 된다. "퀴어방송 맞으시죠?" 퀴어방송은 내가 10년 동안 진행하고 있는 팟캐스트의 이름이다.[2] 나를 '퀴어방송'이라 부르는 그는 심지어 내 이름을 기억하지도 못한다. 내가 맞다는 걸 확인하고 난 뒤에 그는 볼일이 끝났다는 듯

쌩하니 뒤돌아 간다. 대부분은 그러려니 하지만 어떤 날은 유독 뾰족하게 굴고 싶어질 때가 있다. 이곳에 있다는 것만으로도 너와 나는 같은 편이고 그러므로 너는 나를 당연히 환영해줘야 한다고 믿는 그런 사람들에게.

사실대로 말하자면, 그리고 한 번도 숨긴 적은 없지만, 나는 이곳의 사람들을 그 어떤 부류의 사람들보다 더 빨리 분류하고 판단한다. 그게 사실과는 다르다고 해도. 누군가가 자신을 선택해주길 꿈꾸는 초짜, 쭈뼛거리며 주변을 서성이는 단기 체류자, 주로 가장자리에서 혼자 맥주를 들이켜는 잘생긴 부치, 서로만을 그윽하게 바라보며 블루스를 추는 긴 머리 팸 커플, 만취해 미친듯이 춤추는 팸, 그런 팸들 근처를 떠나지 않는 체격 좋은 부치, 플로어 위의 솔로 플레이어, 아무 데나 추파를 던지는 나르시시스트, 화장이 진하고 장신구가 많은 스무 살, 키 작고 마른 소년 부치, 자정에는 돌아가야만 하는 성실한 운동 중독자 등등. 최근에는 나와 미래의 내 친구들을 위한 분류 범주가 하나 더 추가되었다—노익장을 과시하고 싶은 탈색한 3040. 스테레오타입은 언제나 가혹하다. 위의 분류표에는 당사자들이 해명할 틈이 존재하지

---

2 퀴어방송(진행자: 리타, 철수)은 2013년 2월부터 2023년 11월 현재까지 105회의 방송을 진행했다. 다음에서 청취가 가능하다. https://www.podbbang.com/channels/5610.

않는다. 그러나 누구에게도 제대로 알려진 적 없는 이 분류표는 내부자들이 가지고 놀 만한 몇 안 되는 장난감 중에 하나다. 오가는 말이 없는 이곳에서 노출되는 몸들은 질식하리만치 다채로운 레즈비언 분류학이 번성하게 한다. 그리고 이 분류학에는 당연하지만 에로틱하고 페티시즘적인 기호들이 흘러넘친다.

이곳처럼, 어떤 공간은 분명 과잉 성애화된다. 당신이 원래 어떤 일을 하는 사람이고 어떤 성별이나 외모를 가진 사람으로 보이길 바라든 간에, 당신의 모든 몸짓과 말과 눈길은 고스란히 이곳이라는 예외적 공간에서만 허락되는 비밀스러운 암호로 재배열된다. 이곳 바깥에서는 아무것도 아니지만 이곳에서는 전부인 스타일의 분류학은 이곳을 지배하는 암묵적인 규칙이다. 여기서 고리타분한 이분법이 유용해진다. 당신은 머리가 길고 화장을 했기에 부치를 찾는 팸이다. 당신은 머리가 짧고 가죽 부츠를 신었기에 팸을 찾는 부치다. 아니라고? 그렇다면 당신은 그냥 복장도착자다. 이곳에서 일어나는 모든 일은 일종의 롤플레잉이지만, 그렇다고 진짜가 아닌 건 아니다. 부치든 팸이든 복장도착자든 이곳에 모인 몸들은 각자의 질량에 대응해 서로에게 감응하고 충돌한다. 잠재적으로 당신을 원하거나 혹은 완전히 무관심한, 그러므로 수치심을 유발하는 에로틱한 다른 몸들 사이에 놓인 당신은 자신의 몸을 어느 때보다 강렬하게 감각한다. 이제 내 몸은 단순히 내 것만은 아니다. 내 몸은 다른 몸들 사이에 놓인 몸, 다른 몸들과 관계하는 몸, 그러므로 다른 몸들에게 다른 쾌락을 줄 수 있는 가능성을 가진 몸이다. 이곳은 다음과 같이 질문한다. 이 몸을 어떻게 사용할 것인가? 나는 다음과 같이 답한다—충분히 성공적이지는 않은 어설픈 플러팅, 장난스럽지만 진지한 친구들과의 스킨십, 딱 다른 사람들만큼만 취하기, 위험 부담을 감수하고 낯선 이들과 어울리기, 무엇보다 멈추지 말고 춤추기. 이곳 바깥의 논리로는 온전히 포착될 수 없는 모호한 친밀성의 제스처를 발명하고 마주치는 몸들 사이의 힘을 증폭하기. 그러므로 이 몸은 매개체다. 이 몸은 사용되기 위해 여기 있다.

10분은 진작에 지났다. 이곳을 밀어내는 척력을 온몸으로 느끼면서 나는 아직 한순간도 지루하지 않다. 나는 패배감과 동시에 안도감을 느낀다. 이 문제 많은 몸들을 이길 방법이 도무지 없다는 사실에.[3]

---

3 이 글의 후기에 가까운 각주:

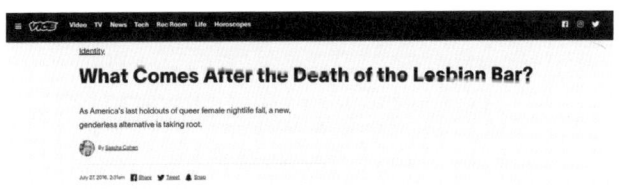

「레즈비언 바의 죽음 이후 무엇이 오는가」
Sascha Cohen, "Death of the Lesbian Bar?," *Vice*, July 27, 2016, https://

www.vice.com/en/article/dpk8kk/meet-the-agender-alternative-queer-nightlife-replacing-the-disappearing-lesbian-bar.

이 짧은 에세이에서 다루지 못한 두 가지 문제가 있다. 하나는 전 세계적으로 레즈비언 바와 클럽이 점차 사라지고 있다는 것이다(위의 기사 참고). 꿀벌이 사라지는 건 걱정할 만한 가치가 있는 일이지만, 레즈비언 바와 클럽이 사라지는 걸 반드시 걱정해야 할까? 해외 매체에 따르면 이런 현상은 주로 도심에 위치한 레즈비언 바와 클럽이 피해갈 수 없는 젠트리피케이션, 그리고 안정성을 추구하는 레즈비언들의 라이프 스타일, 레즈비언에 국한하지 않고 좀더 스펙트럼이 넓은 정체성으로 스스로를 정의하는 세대의 등장과 관련이 있다고 한다.
예컨대 홍콩에 위치한 한 레즈비언 바의 업주는, 홍콩이 진보하면서 굳이 레즈비언 바가 아니더라도 눈치 보지 않고 아무 가게에서나 자신의 정체성을 드러낼 수 있기에 이런 현상이 나타난다고 진단한다(아래 기사 참고).

「홍콩의 레즈비언 바들이 사라지고 있지만, LGBT들은 그것이 전통적으로 보수적인 사회에 있어 실제로는 좋은 사인이라 말한다」
Maisy Mok, "Hong Kong's lesbian bars are vanishing, but for LGBT people it's actually a good sign in the traditionally conservative city," *South China Morning Post*, Jan 19, 2020, https://www.scmp.com/lifestyle/family-relationships/article/3046509/hong-kongs-lesbian-bars-are-vanishing-lgbt-people.

또 다른 문제 하나는 내가 앞서 언급한 서울시 내의 레즈비언 클럽들 중 어떤 곳도 성별정정 이전의 MTF 트랜스젠더들에게 열려 있지 않다는 것이다. 이는 유감스러운 일이지만 동시에 우리가 레즈비언 클럽만을 반드시 고집할 필요가 없는 이유를 만들어주기도 한다. 요컨대 퀴어들을 위한 공간은 아니지만 충분히 '퀴어 친화적임'을 표방하는 공간들을 대표적인 대안으로 떠올려볼 수 있다. '당신이 누구를 사랑하든 우리는 당신을 환영합니다'라는 슬로건으로 대표될 수 있는 퀴어 친화적 업소들은, 문화·정치적으로 구세대에 속할 '레즈비언 업소'의 지긋지긋한 비여성·비레즈비언 배제정책을 잊게 만들 만한 안전한 공간을 제공하는 것처럼 보인다. 이미 몇몇 퀴어 친화적 공간들이 동시대 한국(특히 서울을 거점으로 한) 퀴어 문화의 생산자와 소비자를 연결하는 허브 역할을 하고 있으며, 대놓고 퀴어 친화적임을 표방하지 않는 공간이라 할지라도 퀴어 문화에 속한 당사자들에게 '앨라이(ally)'임을 승인받기도 한다. 이런 상황에서 '여성 전용 공간'이 주는 레즈비언 분리주의적인 울림은 오래되었을 뿐더러 후지다. 이는 앞서 언급한 첫 번째 문제인 레즈비언 클럽이나 바의 소멸과 직접적으로 연관되는 문제다. 변화하는 퀴어한 몸들의 요구와 욕망을 모두 흡수할 만큼 레즈비언이라는 범주가 유연하고 또 급진적일 수 있는가? 여기에서는 따로 결론 내리지 않겠지만, 이 질문은 퀴어 문화와 레즈비언 문화의 간극을 고민하는 이들이 반드시 고려해볼 문제다.

4장

문제는 디자인이다

작년 넷플릭스에서 공개된 애니메이션 시리즈 〈사이버펑크: 엣지러너Cyberpunk: Edgerunners〉(이하 〈엣지러너〉)는 2020년에 만들어진 게임 〈사이버펑크 2077Cyberpunk 2077〉의 세계관을 기반으로 스튜디오 트리거Trigger가 제작한 작품이다. 10부작으로 완결된 이 애니메이션은 비극적인 결말에도 불구하고 게임을 애니메이션화한 작품으로서는 전례가 없을 정도로 큰 호응을 받았다. 1인용 비디오 게임인 〈사이버펑크 2077〉은 우리가 현재 '사이버펑크적'이라고 할 때 연상할 수 있는 바로 그 장르적 분위기를 형성하는 데에 일조한 1989년 작 TRPG 게임인 〈사이버펑크 2020Cyberpunk 2020〉을 원작으로 한다. 1980년대 미국에서 발아해 윌리엄 깁슨의 『뉴로맨서Neuromancer(1984)』를 정전 삼아 짧은 전성기를 누린 것으로 알려진 사이버펑크는 근미래의 고도로 발전하고 완전히 민영화된 기술로 인해 파괴되거나, 그것에 적응하거나, 그것으로 이행하는 인간성을 다루는 (문학·예술·대중 문화의) 한 장르다. 한 오래된 웹사이트에 따르면 적어도 여섯 가지의 특징이 '사이버펑크적임'의 정의를 구체화한다. "기술 발전이 인간성에 미치는 부정적 영향, 인간과 기계의 융합, 사회를 통제하는 기업, 지하 세계에 초점을 맞춘 스토리 전개, 정보에 대한 유비쿼터스한 접근, 사이버펑크한 비주얼과 스타일"[1] 등등.

1   "What is Cyberpunk?," *CyberPunkReviews*, https://www.cyberpunkreview.com/what-is-cyberpunk/.

〈사이버펑크: 엣지러너〉의 홍보용 포스터

대다수가 동의할 사이버펑크의 이러한 특징들은 낙관이라곤 전혀 찾아볼 수 없는 극단적인 디스토피아적 미래를 향해 한껏 기울어져 있다. 물론 사이버펑크만이 그처럼 차가운 미래를 예언하는 데에 관심을 가진 것은 아니다. 지금까지도 SF 장르에서 지배적인 경향 중 하나가 이러한 미래를 설득력 있게 묘사하는 것이기 때문이다. 그럼에도 만약 사이버펑크를 더 큰 범주인 SF와 구분할 수 있게 만드는 특징, 그것을 여전히 급진적이게 만드는 특징이 있다면 그것은 '기술 발전이 인간성에 미치는 부정적 영향'을 인간으로 간주될 수 없는 하위 주체들의 자율성을 개방하는 가능성으로도 제시한다는 점이다. 사이버펑크에서 기술은 (현실의 기술과 마찬가지로) 필연적으로 두 갈래의 길을 내며 가속하는 파괴적인 힘처럼 묘사된다. 하나는 지배 계급이 정해놓은 방식대로 기술을 사용하는 길이고, 다른 하나는 그들과는 다르게, 또는 그들에 대항해 기술을 사용하는 길이다. 둘 중 어느 길이 다른 하나에 비해 질적으로 우위라고 말할 수는 없겠지만, 중요한 것은 어느 한쪽 길이 절대적으로 우세하게 보이는 상황에서도 여전히 다른 한쪽 길이 존재한다는 점이다. 사이버펑크의 세계관에서 이 다른 한쪽 길을 상상하고 발견할 수 있는 유일한 주체는 장르의 이름에서도 알 수 있듯이 1980년대 반문화, 하위 문화의 기수였던 펑크, 즉 하위 주체다. 이들은 살기 위해, 싸우기 위해, 즐기기 위해 폭력적인 기술의 속도 속에서 분열증을 앓으면서도 악착같이 그들에게 감히 허락되지 않은 다른 한쪽 길을 점유하려 분투한다. 설령 그 결과가 개죽음뿐이라 해도 말이다.

〈엣지러너〉는 살기 위해 신체를 강화하는 기계 부품인 사이버웨어를 장착한 소년 데이비드 마르티네즈^{David Martinez}가 바로 그런 개죽음을 당하기까지의 과정을 다루는 작품이다. 기본적인 수준의 복지나 치안은 물론이고 최소한의 생존 역시 보장 받을 수 없는 미국의 한 도시, 나이트시티에 거주하고 있는 데이비드 마르티네즈는 모친의 비참한 죽음 이후 무법자 용병인 엣지러너가 되고자 한다. 엣지러너는 나이트시티에서 기업이나 개인의 의뢰를 받아 무력을 통해 문제가 되는 상황을 해결하는 일종의 프리랜서들로, 이들은 목숨을 건 위험을 감수하는 만큼의 보수를 받는다. 엣지러너들에게서 가장 눈에 띄는 외관상의 특징은 바로 식별 가능한 정체성의 표지인 얼굴을 제외하고 극한까지 개조된 신체다. 이들은 내부 장기부터 뼈와 근육, 팔과 다리, 피부와 손가락에 이르는 신체의 모든 부위를 더 강한 사이버웨어로 교체하기를 원한다. 국가라는 근대적인 통치기구가 아니라 초국적 자본의 거대 기업이 일상생활의 모세혈관까지 촘촘하게 통제하는 〈엣지러너〉의 세계 속에서, 엣지러너와 같은 하위 주체들은 오직 살아남기 위해 좋든 싫든 자신을 착취하는 기업의 기술에 의존하거나 혹은 이를 불법적으로 전용해 자신을 개조할 수 밖에 없다. 그러므로 지하 세계의 해커, 중독자, 무법자 용병, 테러리스트로 불릴 수 밖에 없는 이들에게 인간성을 구성하는 조건들이란 오히려 이들의 생존을 방해하는 한계로 작용한다. 인간성은 그것을 추구할 금전적 여유가 있는 사람들에게나 중요한 역사적 개념에 불과하다. 이런 사람들과는 달리 강해지기 위해, 또는 쾌락을 느끼기 위해 유기체 몸이 더 이상 남아 있지 않을 때까지 신체를 개조하고 약물을 사용하는 엣지러너들은 인간 미만, 혹은 인간 바깥의 비인간 존재자들과 훨씬 더 가까운 무엇일 수 밖에 없다. 그러나 이는 엣지러너들에게 결코 모욕이 아니다. 왜냐하면 〈엣지러너〉의 세계 속에서 인간의 순수한 유기체적 몸이란 비인간 존재자들의 변형가능하고 대체가능한 몸에 비해 가치도 매력도 없는 일회용품에 불과하기 때문이다("얼른 돈 모아서 크롬으로 바꿔"[2]).

유기체 몸뿐만 아니라 사이버웨어가 장착된 몸 역시 쓰고 버리는 고철 덩어리이긴 마찬가지다. 〈엣지러너〉의 몇몇 장면에서 '넷러너netrunner'라고 불리는 해커가 사이버 스페이스에 접속하기 위한 매개체인 현실의 물리적인 몸은 과열을 조심하기 위해 얼음물 속에 넣어두어야만 하는, 거추장스럽게 거대한 단말기처럼 묘사된다. 예컨대 사이버 스페이스에 접속한 넷러너가 현실의 문제로 '로그아웃' 되지 않게 하기 위해 동료들이 욕조에 잠긴 그의 몸을 보호 또는 관리하는 장면들을 떠올려보자. 이러한 장면에서 시체처

---

[2] 극중 인물인 메인(Maine)이 데이비드에게 하는 말.

럼 안치된 현실의 몸은 무력하고 왜소하고 창백한 물건이자 사이버 스페이스 속 자유로운 디지털 몸을 훼방 놓는 글리치glitch(시스템의 일시적인 오류)처럼 느껴진다. 무게 없는 디지털 아바타의 몸, 언제든 무엇이든 할 수 있는 정신적 사념체로서의 몸은 고장나고 망가지고 박살나는 물리적인 몸에 우선해 넷러너의 경험과 지식을 구성한다. 넷러너에게는 현실이 사이버 스페이스에 우선하는 원본이 아니다. 오히려 현실이 망각한 역사가 축적된, 한계 없는 광활한 아카이브인 사이버 스페이스가 '로컬넷'으로 축소된 현실에 우선하는 원본이다. 〈엣지러너〉는 이처럼 인간적인 몸의 자연·기원·원본으로서의 지위를 개조된 몸·강화된 몸·탈부착이 가능한 몸·기계와 융합된 인공 몸의 지위와 간단하게 뒤바꾸는 관점을 제시한다. 유한한 진짜보다 무한한 가짜가 언제나 더 낫다. 일견 비인간 혹은 반인간의 도래할 세기를 예견하는 듯한 〈엣지러너〉의 인간적인 '모럴moral(도덕)' 없는 세계는 쿨한 사이버펑크의 장르적 스타일과 결합하며 거부하기 어려운 어두운 매력을 발산한다.

여기까지는 뭐, 좋다. 지금까지 기술한 바는 신체 개조에 유독 집착한다는 것만 빼면 〈엣지러너〉뿐만 아니라 여타의 사이버펑크 장르에 속하는 많은 작품들에도 해당할만한 코멘트다. 〈엣지러너〉를 진정 흥미로운 작품으로 만드는 요소는 도시 빈민 소년인 데이비드 마르티네즈의 삶을 위태롭게 만드는 조건들이 우리에게 결코 낯설지 않다는 사실이다. 데이비드는 사설 보험업체에 가입할 만한 형편이 되지 않아 아마도 적절한 때 구조된다면 살 수 있을지도 모르는 모친을 길거리에서 죽어가도록 방치할 수 밖에 없다. 빈사 상태의 모친은 (아마도 공립일 병원에서) 가장 저렴한 패키지로 수술을 받았기에 적절한 처치 없이 입원실에 방치되어 며칠 만에 사망한다. 역시나 비용의 문제로 빠르게 화장된 모친의 시신은 캔 모양의 유골함에 담긴 채 자판기에서 굴러떨어져 데이비드의 손에 들어온다. 데이비드는 유골함을 안고 여느 때와 다름없이 나이트시티의 엉망인 이웃들을 지나 월세가 연체되어 출입구가 봉쇄된 집 안으로 익숙한 듯 어떻게든 꾸역꾸역 들어간다. 이 모든 과정은 대단히 속도감 있게 진행된다. 데이비드는 애통해할 틈도 없이 병원비와 월세를 걱정하며 모친의 옷에서 발견된 군용 사이버웨어인 산데비스탄을 팔아치우기 위해 전전긍긍하는 모습을 보인다. 이처럼 모친의 죽음은 나이트시티에서는 물론이고 데이비드에게서도 일상을 무너뜨릴 사건이 못 된다. 일상은 애초에 무너져 있었기 때문이다. 생계를 위해 자신의 목숨을 도박처럼 걸 수 밖에 없는 나이트시티의 빈민들에게 죽음은 일상에 이미 부착되어 있는 항시적인 상태일 뿐이다. 또한 삶이란 곧 채무를 갚기 위해 지연된 죽음일 뿐이라는 사실을 알고 있는 빈민들에게 어쩌면 일상은 죽음보다 더한 노역의 시간에 불과하다. 현재라는 일상은 언제나 미래의 채권자들에게 저당 잡혀 있을 것이다. 그러므로 (우리의) 미래는 (우리에게) 없다.

이 같은 '미래 없음'의 상태는, 아마도 데이비드와 데이비드의 모친뿐만 아니라 낮이든 밤이든 길거리에서 구토하고 발작하고 자위하는 나이트시티의 가난하고 지저분한 거주자들 모두가 공통적으로 공유하고 있는 정서일 것이다. 지극히 평범하고 일상적으로 연출되는 나이트시티의 무질서하고 혼란스러운 풍경은 어딘가 아주 잘못되어 있지만 이를 받아들이는 수밖에 없다는 만성화된 "반성적 무기력"[3]의 분위기를 풍긴다. 아무것도 나아지거나 달라지지 않을 것이기에 유일한 선택지는 이러한 상시적 위기 상태에 적응하는 것뿐이다. 이런 관점에서 보자면 사적 복수와 생계를 위해 산데비스탄을 자신의 몸에 장착한 데이비드의 자발적인 선택은 최악의 상황에 자신을 적응시키는 느린 자살이자 자폭이기도 하다. 인간이 사이버웨어에 적응하는 능력의 평균을 상회하는 자질을 가진 데이비드는 극중에서 내내 기세등등하게 자신은 특별하며 결코 다른 엣지러너들과 같은 파국적 운명을 맞지 않으리라고 자신하는 모습을 보인다. 그러나 〈엣지러너〉의 결말

---

3 "그러나 내가 주장하고 싶은 것은 이것이 무관심이나 냉소주의가 아니라 반성적 무기력(reflexive impotence)의 문제라는 점이다. 이들은 사태가 나쁘다는 것을 알고 있다. 그러나 그 이상으로 자신이 할 수 있는 일이 아무것도 없다는 사실 또한 안다. 그런데 이런 '앎', 이런 반성성은 이미 존재하고 있있는 상황에 대한 수동적인 관찰이 아니다. 그것은 어떤 자기 충족적 예언이다." 마크 피셔, 『자본주의 리얼리즘-대안은 없는가』, 박진철 옮김(고양: 리시올, 2018), 4장 「반성적 무기력, 안정 지향, 자유주의적 공산주의」, 교보문고 e-book.

에 이르러 데이비드 역시 "어떻게 죽느냐로 기억되는"[4] 다른 엣지러너들과 마찬가지로, 결국 사이버웨어로부터 자아를 잃고 폭주하는 상태인 사이버사이코시스cyberpsychosis에 빠져 죽는다. 앞으로 벌어질 일이 자신의 개죽음뿐이라는 사실을 알면서도 데이비드는 한결같이 죽음을 앞당기는 선택지만을 고른다. 따라서 우리가 이런 데이비드의 판단 능력을 아무리 존중한다 하더라도 그를 그런 선택으로 내몬 조건들을 완전히 무시하기란 어렵다.

이제 우리는 〈엣지러너〉가 제공하는 사이버펑크적인 스타일의 외피에서 살짝 비켜서서 이 작품을 도시 빈민 소년에 대한 우화로 볼 수 있을 것 같다. 데이비드는 살기 위해 사이버웨어를 장착하고, 사랑에 빠지고, 위험한 일을 시작하고, 동료들의 죽음을 겪고, 일종의 정서적 무감각 상태에서 높이 날아오르다가 결국 가파르게 추락한다. 더 이상 돌이킬 수 없다는 걸 알았을 때 그는 끝장을 내기 위해 최악의 적에게 제 발로 걸어들어간다. 살기 위한 선택이 곧 삶 자체를 축소하고 소진시키는 선택이기도 할 때 이러한 선택의 악순환에서 빠져나올 수 있는 방법은 오직 자살에 가까운 죽음뿐인가? 자신에게 주어진 몇 안 되는 선택지 속에서 아등바등대며 분투해봤자 결국 거대 기업에 의해 간접적으로 살해

---

4 극중 인물인 루시(Lucy)가 데이비드에게 하는 말.

당할 뿐인 하위 주체들의 삶을 묘사한 우화가 속할 장르는 과연 비극적인 드라마인가, 아니면 슬랩스틱 코미디인가? 로렌 벌랜트 Lauren Berlant의 용어를 빌리자면 시트콤과 비극을 결합한 조어인 "상황적 비극situation tragedy"[5]으로 부를 만한 〈엣지러너〉는 데이비드라는 도시 빈민 소년을 주인공 삼아 삶의 유일한 목표가 생존이 될 때 주체가 어떻게 닳고 찌그러지는지를 총 10화에 걸쳐 느릿하게 보여준다. '살아남기'라는, 끝으로 갈수록 선택지가 점점 좁아드는 협소한 장르의 규칙 속에서 우리는 담담한 표정을 하고 정해진 결말을 향해 걸어가는 데이비드를 결코 멈춰 세울 수 없다.

방금 멈출 수 없다고는 말했지만, 한 가지 아이디어가 있다. 정확히 내 아이디어를 〈엣지러너〉의 세계에 적용해보면 어떤 결말이 날지가 궁금하다. 그러니까 이 뒤로 이어질 이야기는 항상 답이 없는 상황적 비극일 사이버펑크라는 장르에 대한 나의 건설적인 피드백이다. 나는 〈엣지러너〉의 결말을 본 뒤 도대체 어떻게 해야 데이비드를 살릴 수 있을지, 또 어떻게 해야 데이비드가 그

---

5   "상황적 비극이라는 새로운 혼합 장르는 개인들이 그들의 결점을 계속해서 에피소드적으로 표현해야 하는 운명에 처해진 장르다. 배우고 변화하고 안도하는 건 물론이요 더 나아지는 것은 고사하고 죽음조차 불가능해진 장르, 즉 비극과 상황적 코미디가 결합한 장르이다." (필자 번역) Lauren Berlant, *Cruel Optimism* (Durham: Duke University Press, 2011), 176.

의 연인인 루시와 함께 달로 여행을 떠날 수 있을지 고민했다. 답은 사이버웨어의 디자인에 있었다. 알다시피 인간성의 '엣지(경계)'를 향해 내달리는 사이버펑크라는 장르를 범주화하는 것은 그 주제만큼이나 특정한 미적 스타일이다. 요컨대 〈블레이드 러너Blade Runner(1982)〉 〈공각기동대攻殼機動隊(1995)〉 〈코드명 J Johnny Mnemonic(1995)〉 〈매트릭스The Matrix(1999)〉가 보여주는 어둡고, 축축하고, 암울한 도시의 전망 속 뿌옇게 빛나는 네온사인, 미래적인 인상을 주는 가죽·라텍스·금속 재질의 의상들, '사이버 스페이스'로의 진입을 가능하게 해주는 특수한 (고글 모양의) 기기들과 글리치 섞인 홀로그램들이 자아내는 인상들이 바로 그것이다. 이런 작품들에서 주인공들은 대개 무표정하고 검은 옷을 입으며 무성적이다. 이들은 우연한 계기로 매끄러운 줄만 알았던 세계의 틈새라는 실재와 마주하고 결코 이전으로는 돌아갈 수 없게 된다. 그는 자신이 본 것을 의심하고, 그로부터 도망치지만 결국에는 세계 전체와 싸우게 된다. 우리는 이러한 사이버펑크의 스타일을 재활용해 최근 5년 동안 개봉한 영화들을 쉽게 떠올릴 수 있다. 요컨대 〈공각기동대: 고스트 인 더 쉘Ghost in the Shell(2017)〉 〈블레이드 러너 2049 Blade Runner 2049(2017)〉 〈레디 플레이어 원Ready Player One(2018)〉 〈알리타: 배틀 엔젤Alita: Battle Angel(2019)〉 〈매트릭스: 리저렉션The Matrix Resurrections(2021)〉과 같은 영화들이 대표적이다. 약 20년의 장르 공백기 이후 뜬금없이 쏟아져 나온 대형 블록버스터 사이버펑크 영화들은 이전 세기에 큰 성공을 거둔 원작들을 좀 더 거대하고 화려한 판본으로 재제작한 모사물들로, 별다르거나 새로운 문제의식 없이 진보한 CG 기술을 과시하는 데에 큰 관심을 둔다(⟨알리타: 배틀 엔젤⟩은 예외다. 이 영화는 충분히 기이했다). 프레드릭 제임슨Fredric Jameson의 글 「포스트모더니즘과 소비사회Postmodernism and Consumer Society」를 인용하며 마크 피셔Mark Fisher가 논평했듯 "죽은 스타일들을 모방하고 가면을 쓴 채 상상의 박물관에나 있을 스타일의 목소리로 말하는 것만이 남은 세계"[6]에서는 아무리 '대안적'이고 '독립적'이라는 반주류적인 입장을 표방한다 해도 이는 단지 "주류 내부의 스타일, 사실상 바로 그 지배적인 스타일"을 반복하고 재생산하는 사태로 귀결될 따름이다.[7] 오늘날 과거의 형식이 자꾸만 현재로 복귀해 마치 영원할 것처럼 반복되는 현상(복고주의)은 영화뿐 아니라 문화의 모든 영역에 걸쳐 발견되는 증상이다.

사이버펑크가 마치 처음인 양 천연덕스럽게 되돌아오는 이런 상황, 그럼으로써 사이버펑크에게 내재되어 있던 펑크로서의 대항적 에너지가 사실상 지배 문화에 완전히 포섭되었음을 시인할 뿐

---

6 마크 피셔, 『자본주의 리얼리즘—대안은 없는가』, 1장 「자본주의의 종말보다 세계의 종말을 상상하는 것이 더 쉽다」, 교보문고 e-book에서 재인용.

7 마크 피셔, 『자본주의 리얼리즘—대안은 없는가』, 1장 「자본주의의 종말보다 세계의 종말을 상상하는 것이 더 쉽다」, 교보문고 e-book.

인 이런 상황에서 〈엣지러너〉는 과연 어디쯤 서서 말하는 작품인가? 바늘 구멍만큼의 희망도 탈출구도 없이 무조건 필패하도록 운명 지어진 데이비드의 죽음은 물론 나를 포함한 동시대의 '데이비드들'에게 깊은 인상을 남겼겠지만, 이러한 결말은 때로 쾌락주의적인 우울로 쉽게 미끄러지는 것만 같다. 요컨대 데이비드의 '반성적 무기력' 상태가 우리에게 옮아오는 것이다. 〈엣지러너〉의 세계가 그 어떤 변화의 여지없이 닫혀 있으며 애당초 데이비드'들'을 양산하기 위해 마련된 거대한 실험실이자 무덤이라는 사실을 마침내 내가 깨달은 순간은 바로 이 작품에 등장하는 사이버웨어들의 디자인이 비슷비슷하다는 사실을 인지했을 때다. 사이버웨어들은 (무엇보다 이 애니메이션의 제작사인 스튜디오 트리거의 취향에 따라) 크고 무겁고 투박하다. 무엇보다 (유기체 몸에 대한 무시에도 불구하고) 끈질기게 인간형을 하고 있다. 아마도 대부분의 사이버웨어가 라이벌 관계에 있는 거대 기업에서 생산되다보니 그렇겠지만, 극중 인물인 필라[Pilar]를 제외하고 누구 하나도 자신의 사이버웨어를 커스터마이징(주문 제작)하지 않는다는 건 아무리 생각해도 이해하기 어렵다. 대부분의 인물들이 그토록 사이버펑크적으로 개성적인 외모를 하고 있으면서도 왜 사이버웨어는 모두 비슷비슷한 디자인을 하고 있는가? 왜 이들의 미적 취향은 그토록 공포스럽게 발전한 기술에 비해서 이토록 심심한가? 결정적으로, 그런 끔찍하게 무거워 보이는 사이버웨어를 입고 있으면 당연히 죽고 싶어질 수 밖에 없다!

우리는 이 지점에서 히토 슈타이얼Hito Steyerl의 에세이 중 하나인, 「사람을 죽이는 방법: 디자인의 문제」를 참조할 수 있을 것이다.[8] 그는 여기서 "최근에 살해 디자인의 가속화된 버전"이 실험된 도시인 튀르키예 내 쿠르드족 거주 지역인 디야르바키르를 예시로 든다. 이 지역이 국가 폭력에 의해 깨끗이 쓸려나간 것을 보고 그는 "이런 유형의 디자인의 대상들은 궁극적으로 사람들"로, 그것의 목표는 "사람들의 퇴거(필요에 따라서는 처분)"라고 말한다. 그가 언급한 "이런 유형의 디자인", 즉 "살해 디자인"의 특징을 조금 더 인용하자면 다음과 같다. "디자인은 치명적인 테크놀로지를 개량하기 위한 미학을 전개한다. (…) 그것은 가속주의적이며, 소프트웨어와 하드웨어를 접합하고, 비상서한, 프로그램, 형태, 템플릿을 조합한다. 탱크가 데이터베이스와 맞물리고, 화학 물질이 굴착기와 만나고, 소셜 미디어가 최루가스, 언어, 특수 부대, 관리되는 가시성과 마주친다." 이처럼 "살해 디자인"이란 이질적인 두 요소가 접합되고, 조합되고, 맞물리고, 마주쳐서 결국에는 이음매가 없이 원래 한 몸이었던 것처럼 부드럽게 작동하는 미학을 완성하는 것을 목표로 하는 디자인이다. 이 미학에는 두 요소 간의 차이도, 사이도 필요 없다. 그러므로 이러한 "살해 디자인"의 동질성을 추구하는 전체주의적 미학에서 "불응하는 사람들, 저

---

8   히토 슈타이얼,「사람들을 죽이는 방법: 디자인의 문제」,『면세 미술: 지구 내전 시대의 미술』, 김홍기 옮김(서울: 워크룸프레스, 2021), 16–25.

항하는 인간"이라는 또 다른 이질적인 요소는, 단순히 그것을 완성하려 할 때 방해물로 간주될 수 있을 뿐이다. 다시 말해 "살해 디자인"에 애당초 '사람들'이 들어올 자리는 없다. 히토 슈타이얼은 하이데거를 빌려와 이러한 디자인을 삶이 아니라 "죽음을 향한 디자인 Design zum Tode"이라 말하기도 한다.

"죽음을 향한 디자인"이라는 용어는 흥미롭게도 〈엣지러너〉 또는 디스토피아 미학을 자처하는 사이버펑크 장르의 외피를 요약하고 있는 것처럼 들린다. 사이버웨어는 삶을 가꾸는 기술들로 채워진 장치가 아니라 오직 단 하나의 결론인 죽음으로 수렴되는 구조를 내장하고 있는 무기다. "살해 디자인"의 일종인 사이버웨어는 다른 사람들뿐 아니라 자기 자신까지 죽인다. 처음엔 그저 생존하기 위해, 어머니와 자신을 모욕한 대기업의 아들에게 복수하기 위해 장착한 사이버웨어는 점점 미친 살인 기계로 진화한다. 살기 위해 죽는 것보다 더 나쁜 방향을 선택할 것인가? 이것은 전통적으로 사이버펑크 장르가 우리에게 제시하는 극단적인 선택지다. 그러나 반드시 이러한 선택지만이 있는 것은 아니다. 오늘날 귀환한 사이버펑크 장르의 문제는 그토록 희박한 선택지들, 그래서 도저히 선택지라 부를 수 없는 선택지들을 고르는 것만이 우리에게 주어진 유일한 권한인 양 착각하게 만든다는 것이다. 그러나 알다시피 굳어진 사이버펑크 장르의 관습에서 우리가 무슨 선택지를 고르든 그것은 삶이 아니라 죽음을 향할 것이다. 데이비드가 사이버웨어를 착용하는 첫 장면에서 (마찬가지로 장르의 관습에 익숙해진) 우리는 이미 그의 죽음을 예감하지 않았나? 결국 〈엣지러너〉가 우리로 하여금 훈련하게 하는 것은 무감각한 체념의 상태다. 거기에는 분명 자기 파괴적인 쾌감이 있지만, '그런 식으로'가 아닌 다른 삶을 발명하게 하지는 못한다. 그래서 나는 상상하고 싶다. 어느 평행우주의 또 다른 〈엣지러너〉 속 데이비드는 분명 지금과는 다른 디자인의 사이버웨어를 착용하고 있을 것이라고. 지금으로서는 알 수 없는, 우리가 본 적 없는 디자인의 사이버웨어를 착용한 데이비드가 품고 있을 상이한 욕망들은 분명 이번 버전의 〈엣지러너〉와는 또 다른 결말을 보여줄 것이다.

5장

한심하고 쓸모없는 트위터 중독자들

타이밍이 좋지 않다. 트위터에 대한 글을 쓰기로 계획하고 있던 차에 내가 쓴 '정치적인 트윗'으로 원치 않는 '어그로'를 끌게 되었고,[1] 설상가상으로 웹 2.0을 이끄는 SNS 플랫폼이자 '민주주의적 공론장'의 총아였던 바로 그 트위터가 며칠간 다운되기까지 했으니까 말이다.[2] 이제 정말 끝이 다가오고 있는 걸까? 트위터의 종말은 미지근하게 연결된 익명의 사람들과 오해를 사기 쉬운 길이의 짧은 문장을 단체로 중얼거리는 일이 재밌다고 느끼던 사람들에게는 분명 큰일이다. 그러니까 나 같은 사람 말이다. 빠르게 결론부터 말하자면 이 글은 좋았던 우리의 옛날을 회상하거나 트위터에게 이른 작별을 고하는 그런 종류의 글이 아니다. 그보다는 전 지구적인 초상집 분위기를 목도하고 원래 하려던 말을 잊어버린 글이다.

---

1 "가족주의는 어쨌든 자본주의와 가부장제의 근간이다. 아무리 좋게 포장해도 자기 유산을 자기 혈연에게 물려주는 징그럽게도 이기적인 시스템이다. 퀴어 욕망이 이런 진부한 욕망에 결합되어 있다는 걸 알면서도 우린 이걸 단호하게 거절할 필요가 있다." 내가 작성한 전체 트윗 타래는 다음을 참고. https://twitter.com/cloud666tony/status/1674428064368050177?s=20.

2 2023년 7월 4일에 문제는 해결되었지만 유저의 유료 구독 여부에 따라 읽을 수 있는 트윗의 양은 차등적으로 제한된 상태다. Matt O'Brien, "Elon Musk put new limits on tweets. Users and advertisers might go elsewhere," *AP news*, July 4, 2023, https://apnews.com/article/twitter-elon-musk-rate-limits-04380c0a90528edcd7441d2f0b47549e.

그래, 고작 일주일 전만 해도 나는 트위터에서 진지한 논쟁을 벌이는 일이 왜 창피스럽게 느껴지는지에 대한 글을 쓰려고 했다. 언젠가 존경하던 페미니스트 '선생님'들을 만났을 때 내 딴에는 중요했던 트위터에서의 '키배'를 왜 제대로 설명하지 못하고 얼버무렸는지 떠올리면서. 당시 내가 느낀 창피함은 트위터에서 벌어지는 논쟁의 본성상 그것이 빠르게 휘발되며 감정적 상흔만 남긴 채 결코 정당한 방식으로 기록되지도, 그러므로 기억되지도 못한다는 사실에서 기인했다. 아무리 진지하게 싸워도 그것은 끝끝내 '사적인 해프닝'에 머무른다. 심지어 그것은 아무런 결론도 대안도 생산해낼 수 없는 한심하고 쓸모없는 트위터 중독자들의 시간낭비로 치부된다. 물론, 결코 그렇지만은 않은데도 말이다! 비공식적인 "페미니스트 기억"[3] 또는 '역사'에 해당할 몇몇 논쟁들, 혹은 진실에 더욱 가깝게 말하자면 '발리 투두$^{Vale\ Tudo}$', 즉 무규칙 격투에 해당할 넷페미들의 '개싸움들'은 공적 기록으로 남기기엔 추잡하지만 그렇다고 없는 셈 치기에는 모두에게 지나치게 큰 상흔을 남겨왔다.

몇 년 전 한 동료는 내게 악명이 높은 특정 넷페미들의 이름을 거론하며 그들을 '장수들'이라 불렀다. 한때 유행했던 미술계의 용

---

[3] 손희정, 「페미니즘 리부트, 새로운 여성 주체의 등장: 2000년대 중반부터 현재까지」, 『대한민국 넷페미사』(서울: 나무연필, 2017), 알라딘 e-book.

어로 말하자면 '플레이어'라고도 할 수 있을 이 장수들은 특히 2016년 이후 본격적으로 위세를 떨치며 트위터를 전장 삼아 각각의 진영 간 국지전을 부추기거나 이끌면서 혁혁한 킬^{kill} 수를 기록했다. 기본적으로 이들은 상당히 과격한 수위의 '트롤러'지만 관점에 따라서는 강경한 혁명가이자 투사다. 혹시나 불거질지 모를 법률상의 문제로 이들을 하나하나 거론하기는 힘들겠지만, 어찌 되었든 '트페미'의 타임라인 속에서 반복되는 몇몇 '플로우^{flow}'들은 (언제나 고맥락의 설명을 동반해야 한다는 난처함을 견뎌야 할지라도) 하나의 장면으로서 스케치될 필요가 있다. 정치인들은 상대 당을 비방하기 위해 도저히 독해 불가능한 '그뮌씹'인 내용의 현수막을 서울시 관악구에 위치한 우리 동네 여기저기에 당당하게 걸어재끼는데,[4] 마찬가지로 '그뮌씹'인 우리(!) 페미니스트들의 진흙탕 싸움이 같은 방식으로 게시되고 기록되지 못할 이유는 뭐란 말인가?(물론 그런 방식을 취하지 않아야 할 이유는 명백하다. 현수막이 추하며 아깝기 때문이다.)

말미에 이르러 '페미위키 www.femiwiki.com'의 가능성에 대해 홀리듯

---

[4] 다음의 기사는 정당들의 현수막 공방전을 다루고 있다.
하상윤, 「안 보고 싶다⋯ 도시 공해가 된 '정당 현수막'」, 『한국일보』, 2023년 6월 24일, https://m.hankookilbo.com/News/Read/A2023062213290000724.

언급하려 했던, 사적-공적 영역의 경계에 위치할 수밖에 없는 '페미니스트 기억'과 그에 상응하는 '페미니스트 기록'을 주제로 전개하려 계획했던 글은 안타깝게도 지금 여기에 없다. 앞서 말한 '타이밍'의 이유로 이 주제에 대한 내 관점이 다소 변화했기 때문이다. 요컨대 언젠가는 사료로서 가치 있을 '기록'보다, 느리더라도 망해갈 것이 확실한 '현장'에 집중하는 게 훨씬 다급해 보이기 시작한 탓이다. 알다시피 2006년 처음 출시된 소셜 네트워크 서비스인 트위터는 2000년대 후반 스마트폰의 보급과 함께 최소한 스마트폰을 가진 사람들의 일상 속으로 빠르게 녹아들어갔다. 이후 10년간 트위터는 좋게 말해 대안적 뉴스 채널이나 소수자들의 임파워링을 위한 디지털 거점, 무엇보다 중요하게는 지식의 탈사유화를 위한 커먼즈로 기능했다. 동시에 나쁘게 말하자면 트위터는 검열 기능이 고장난 사이버 불링 기계이자 광기 어린 집단 정동의 증폭기이며 열거할 수 있는 모든 종류의 디지털 범죄가 실험되고 실행되는 딥웹의 일부이기도 하다.

사실 이러한 양면성은 트위터의 속성이기 이전에 인터넷 자체의 속성이다. 1990년대에 태어난 나는 인터넷의 보급을 전후로 등장한 (특히 페미니스트들의) '사이버 스페이스'에 관한 유토피아적인 낙관을 글로 배웠다. 그런 낙관이 어떻게 실망으로 이어졌는지는 중학교에 입학할 무렵부터 이미 인터넷 중독자였던 내가, 그리고 당신이 잘 안다. 2017년 많은 학부모를 충격으로 몰아 넣었다는 '엘사게이트Elsagate(유명 만화 주인공이 등장하는 성인물 콘텐츠)'는 마치 2000년대 초반 유행하던 플래시 게임 형식의 조잡한 포르노가 마땅히 자기 자리를 되찾기 위해 귀환한 것처럼 보인다. 한편으로는 그런 포르노들에 심취하게 만들면서도, 고작 '서태지' 항목을 추가했다는 이유로 으스대는 최신판 브리태니커 백과사전은 가르쳐주지 않는, 육즙이 뚝뚝 떨어지는 탐스러운 정보를 그야말로 포식할 수 있는 곳이 바로 인터넷이었다. 이런 무분별한 섭취 행위에는 선악의 구분이 별로 의미가 없어서, 솔직히 말해 '엽기하우스'의 저질스러운 영상이나 '군가산점 폐지'에 대한 논쟁은 모두 내게 동일한 무게로 자극적인 것이었다. 이 둘은 딱히 내외하지 않고 내 머릿속에 한꺼번에 들어와 서로를 더럽히며 한 덩어리처럼 뒤섞였을 것이다.

그런고로 이제 쓰레기는 정보만큼 유용하고 정보는 쓰레기만큼 위험하다. 누군가에게는 어리석은 소리처럼 들릴 수도 있지만 나는 지금도 인터넷을 그런 식으로 이해하고 있다. 그것의 가능성은 그것의 한계와 공존한다. 아니, 그것의 한계가 곧 그것의 가능성이다. 그러므로 우린 인터넷의, 트위터의 일부만을 취할 수는 없다. 전부를 받아들이거나 아니면 "나가서 사람을 만나"[5]면 괜찮아지리라는 온on-오프off의 허약한 이분법에 기반한 서글픈 망상을 지속해야 한다. 하지만 현실은 이러하다. 트위터에서 벌어지는 진지한 페미니스트 논쟁은 '페미니스트 기억'인 동시에 '사적인 해프닝'이자 '한심하고 쓸모없는 트위터 중독자들의 시간 낭비'다. 후자로 오염되지 않고 전자만을 깨끗하게 보호할 수는 없다.

애당초 트위터는 기본적으로 '한심하고 쓸모없는 중독자들'을 양산하기 위해 만들어진 매체다. 트위터와 같은 소셜 네트워크 서비스가 사용자의 자기 통제력을 상실하게 만들고, 주의력과 집중력 장애를 유발하고, 보상(쾌락) 회로를 변형해 버린다고 경고하는 전문가들이 도처에 넘쳐난다. 물론 그럴 것이다. 한심하고 쓸모없

---

5   이 관용구는 트위터에서 키배 도중 상대방을 인신공격하기 위해 주로 사용된다. 방 안에서 트위터만 하고 있지 말고 바깥으로 나가서 (진짜) 사람과 대화를 함으로써 (진짜) 세상이 돌아가는 꼴을 제대로 파악하라는 뜻이다. 용례로, 현재 트위터 회장인 일론 머스크(Elon Musk)의 패러디 계정(@ElonMuskAOC)은 최근 다음과 같은 트윗을 남긴 바 있다. "내가 '보기 제한'을 설정한 까닭은 우린 모두 트위터 중독자고 밖에 나갈 필요가 있기 때문이다. 난 세상에 좋은 일을 하고 있다. 낭신은 방금 또 하나의 보기를 사용했다(The reason I set a "View Limit" is because we are all Twitter addicts and need to go outside. I'm doing a good deed for the world here. Also, that's another view you just used)." 이 트윗은 일론 머스크 본인이 리트윗했다. 원문은 다음을 참고. https://twitter.com/ElonMuskAOC/status/1675268446089773056?s=20.

는 트위터는 우리의 '현생'에서 해낼 수도 있었던 수많은 성취들을 방해하고 망쳐왔다! 예컨대 "나는 살면서 트위터에서 가장 성공적으로 활동했을 때(팔로어와 리트윗의 측면에서)가 인간으로서 가장 쓸모없을 때였다는 사실을 깨달았다. 그때의 나는 관심이 필요했고, 지나치게 단순했으며, 독설을 잘 퍼부었다. 물론 트위터에서 이따금 통찰을 얻기도 한다. 그러나 이것이 정보를 흡수하는 지배적 방식이 되면 사고의 질이 급속히 낮아질 것이다."[6] 또는 "한때는 우리는 인터넷 안에서 자유롭게 뛰어놀 수 있을 것 같았으나, 이제는 이것에 팔다리가 묶인 신세가 되었다. 이제는 우리도 그 사실을 의식한다. 연대와 공감을 약속했던 플랫폼들은 군중 속의 고독을 유발한다. 인터넷은 우리에게 자유를 약속했으나, 이제 이 자유라는 것의 가장 큰 잠재력은 얼마나 잘못 사용될 수 있는가뿐인 듯하다."[7] 등등. 이들은 준엄한 목소리로 우리가 트위터라는 '가상' 현실로부터 빠져나와 '진짜' 현실 속에서 비판적인 사고 능력을 회복해야 한다고 주장한다.

그런데 우리가 왜 그래야 하는가? 왜 트위터로부터 멀리 떨어져

---

6 요한 하리, 「우리가 소셜 미디어에서 세상을 바라보는 방식」, 『도둑 맞은 집중력』, 김하현 옮김(서울: 어크로스, 2023), 알라딘 e-book.
7 지아 톨렌티노, 「인터넷 속의 나」, 『트릭 미러』, 노지양 옮김(서울: 생각의힘, 2021), 교보문고 e-book.

'정상적인' 그리고 '쓸모 있는' 인간성을 회복할 만한 시간과 여유가 있는 소수의 특권적인 사람들의 훈계에 귀를 기울여야 하는가? 세상은 이미 쓸모 있는 것들, 그럼으로써 시장에서 교환될 만한 가치를 가지는 것들로 넘쳐난다. 그런 신물 나는 경제 논리에 포획되지 않는 유일한 방법은 몇 달간 인적이 드문 산속으로 들어가 '디지털 디톡스'를 하는 것도 아니고, 한심하고 쓸모없는 시간 낭비로부터 일말의 유용성을 긁어모으는 것도 아니다. 지금처럼 트위터를 계속한다면 뇌가 망가지고 그것이 주는 쾌락에 구속되어 더 이상 인간적인 삶을 살 수 없게 될 거라는 무시무시한 협박을 밤낮으로 해대는 세상에 맞서기 위한 유일한 전략은 오직 지금보다 더 한심하고 쓸모없게 구는 것이다. 트위터에도 만약 윤리라는 게 있다면 바로 이런 한심하고 쓸모없는 트위터 중독자들을 배신하지 않는 것, 그럼으로써 "한심하고 쓸모없는" 시간 낭비의 결과물인 무가치한 헛소리들을 최고이자 최선의 가치로서 고집하는 것이다. 헛소리들은 그 어떤 의미나 가치로도 환산될 수 없는 극치의 쓰레기들이며, 우리는 이것으로 망가진 우리의 뇌를 통통히 살찌워야 할 것이다. 이것이 트위터의 끝장에 가까워지며 새롭게 수정된 이 글의 결론이다.

6장

레즈비언 황무지

(여성) 성소수자-퀴어 시각 예술의 비가시성에 대한 노트

기세 좋게 계획한 바에 따르면 이 글은 지난 몇 년간 서울에서 발표된 '(여성) 성소수자-퀴어 시각 예술'의 경향성을 다뤄야 한다. 물론 나는 이 주제에 강박적인 수준의 관심이 있다. 지난 10년간 기회가 생길 때마다 이 주제에 관해 쓰고 또 말해왔다. 하지만 솔직히 말해 재미만이 동기는 아니었다. 매번 내게 이 주제, 그러니까 반복하자면 (여성) 성소수자-퀴어 시각 예술이라는 주제를 다룬다는 것은 마치 아무것도 없는 황무지를 개간하는 일만큼이나 고생스럽지만 누군가는 반드시 해야만 하는 작업처럼 느껴졌으니까. 더구나 나만 이 작업을 하고 있는 것도 아니다. 일단 (여성) 성소수자-퀴어 시각 예술이라는 이름의 황무지에 들어가고 나면, 이미 많은 사람들이 아주 오랫동안 개간 작업을 해왔으며 하고 있다는 사실을 깨닫게 된다(유감스럽게도 이 작업은 전 지구적인 기후위기에도 불구하고 앞으로도 계속될 것으로 전망된다).

예를 들어 지난 2019년 작고한 바바라 해머 Barbara J. Hammer를 보자. 2010년에 쓴 마지막 스테이트먼트에서 그는 다음과 같이 말한다. "내 작업은 보이지 않는 invisible 몸들과 역사들을 보이게 visible 만드는 것이다. 레즈비언 예술가로서 나는 존재하는 레즈비언 재현을 거의 발견하지 못했기에, 텅 빈 스크린에 레즈비언의 삶을 담으며 미래 세대를 위한 문화적 기록을 남긴다."[1] '보이지 않는 것들을 보이게 하기'란 일단 "텅 빈 스크린" 때문에 불만스러운 표정으로 이 황무지에 발을 들이는 모든 이들의 가장 기본적인 욕구다. 또한 그는 1993년 발표한 글인 「추상의 정치학The Politics of Abstraction」에서 1970년대 자신이 제작한 영화들을 떠올리며(그리고 그 영화들이 레즈비언의 삶과 역사를 내세웠기에 '본질주의적'이라 비판받았던 상황 역시 떠올리며) 다음과 같이 말한다. "레즈비언 영화는 보이지 않는 스크린 위에 있다. (…) 당시에 영화를 만드는 레즈비언들의 중심적인 관심사는 가시성visibility이었는데 그것은 활용할 수 있는 그림이나 이미지, 재현물이 거의 또는 전혀 없었다는 단순하지만 아주 서글픈 이유 때문이었다. 스크린 공간이 안팎으로 비어 있었다. 그저 주변화한 것이 아니라 거기에 존재하지 않았다. 해체해야 할 영화도, 분석해야 할 응시도 없었던 것이다."[2]

약 20년을 사이에 둔 두 개의 인용에서 우리가 알아야 하는 사실은 바바라 해머가 1970년대부터 지금까지, 또는 아마도 영원히 (여성) 성소수자-퀴어 시각 예술이라는 황무지의 일부를 어쨌든

---

1   바바라 해머 홈페이지, https://barbarahammer.com/about/statement/.
2   바바라 해머, 「추상의 정치학」, 『호모 Punk 異般 : 레즈비언, 게이, 퀴어 영화비평의 이해』, 주진숙 외 엮고 옮김(서울: 큰사람, 1999), 133.

차연서, 〈하늘 아래 Under the sky〉, 《Mosquitolarvajuice》
(서울: LES601 선유, 2022) 라이브 퍼포먼스 장면

차연서, 〈텅 빈 엄마와 거짓말 하는 딸 The empty mother and the lying
daughter〉, 《Mosquitolarvajuice》(서울: LES601 선유, 2022)
라이브 퍼포먼스 장면

살 만한 곳으로 만들기 위해 분투하고 있다는 것이다. 나는 바바라 해머의 글을 지금으로부터 10년 전쯤 처음 읽었다. 그리고 그가 글을 쓸 당시에 비해 오늘날의 상황이 전혀 나아지지 않았음을 깨달으며 깜짝 놀랐다. 그때 나는 바바라 해머와 마찬가지로 (남성/이성애중심주의에 의해 가려져) 보이지 않는 것을 보이게 만드는 것은 최소한 (여성) 성소수자 문화 정치에서 가장 중요하고 핵심적인 작업이라고 생각했다. 요컨대 그것은 모든 세상 사람들이 공유하고 있는 기호의 체계에 (여성) 성소수자의 이름과 얼굴을 기입하는 작업이고, 그리하여 궁극적으로는 (여성) 성소수자들이 자신의 경험과 삶을 표현하고 설명할 수 있는 공통의 도구를 제공하는 작업이라고 말이다. 그 도구를 통해 정형화된 혹은 '본질화된' (여성) 성소수자의 이름과 얼굴을 박살낼 수도 있겠지만, 어쨌든 그건 도구가 있을 때나 가능한 일이 아닌가?

이런 이유로 (결과적으로 그것이 어떻게 보일지는 차치하고서라도) 일단 '보이게 만드는 일'이 (여성) 성소수자-퀴어 시각 예술의 지배적인 경향 중 하나로 자리 잡게 되었다. 더 나아가 보이기만 한다면 그것은 안 보이는 것보다 질적으로 더 우월한 듯이 평가되기도 한다('그래도 없는 것보다는 낫다'). 그러는 와중에 비시각적인 기억·경험·감각은 때로 시각적 재현의 체계에 들어맞지 못해 공적인 '가시성'의 영역에 진입하지 못하고 누락되기도 할 것이다. 하지만 관점에 따라 이는 '부수적 피해' 또는 '필요한 희생'일뿐이다. 문제는 (여성) 성소수자-퀴어 시각 예술에서 '보이는 것'의 중요성이 제대로 의심받은 적이 없다는 사실이다. '보이는 것이 곧 존재하는 것'이라는 명제는 최소한 이를 믿고 싶어 하는, (여성) 퀴어-성소수자의 시각적 재현에 갈증을 느끼는 이들에게 진리처럼 작동하는 듯 보인다. 일단 이를 '가시성의 함정'이라 부르도록 하자.

(여성) 성소수자-퀴어의 시각적 재현의 부족, 심지어 부재를 이야기하는 '내부자'들의 평가는 현재까지도 주류를 이룬다. 게다가 동의하지 못할 일도 아니다. 나는 최근 들어 심심치 않게 서울의 미술 현장에 관심이 있는 이들에게 이런 말을 듣는다. "그래도 요즘은 퀴어 미술이 엄청 많아진 것 같아요, 그렇죠?" 이 당연한 듯 동의를 구하는 "그렇죠?"에 대답하기란 난감한 일이다. 첫째로는 (이런 질문이 예시로 드는) 신문과 패션 잡지에서 가시화되는 몇몇 작업과 전시가 퀴어 미술이라 불리는 하나의 장르를 과잉 대표할 수밖에 없는 운명에 놓여 있기 때문이며, 둘째로는 그것들이 주로 (시스남성) 게이 작가의 정체성과 동일시되는 경향을 보이기 때문이다. 이 지점에서 우리는, 그러니까 퀴어 미술이 성소수자들의 특수한 경험과 감성을 재현하는 것인지, 아니면 서로 다른 주변화된 존재/감각/인식들을 일시적으로 집합, 경쟁시키는 미적 실천을 가리키는 것인지를 진지한 얼굴로 반문해 볼 수도 있을 것이다.[3] 이러한 질문들은 (특히 그것을 둘러싼 담론의 유통

과정에서) 단지 (시스남성) 게이 정체성을 표현하는 미술을 가리킬 뿐인 세련된 용어로 퀴어 미술을 전유하는 암묵적인 분위기를 비판적으로 검토할 수 있게 해준다. 정체성을 소수자 정치의 최소단위인 동시에 한계로 보는 이들에게 퀴어 미술은 '다양한' 정체성을 반영하는 시각적 재현의 집합 그 이상이 되어야 할 당위가 있다. 하지만 가장 기본적인 수준에서 (여성) 성소수자-퀴어의 정체성을 표현하는 미술이 일단 '덜' '보인다'는 것은 유감스러운 일이다. 그리고 무엇보다, 인정하기 어려울지는 몰라도, 이는 더 큰 가시성을 확보한 것처럼 보이는 (시스남성) 게이 미술에 대한, 어찌 보면 불필요한 질투를 불러일으키는 일이다.

도대체 (여성) 성소수자-퀴어 시각 예술이 '덜' 보인다거나 '안' 보인다는 것은 무엇을 의미하는가?[4] 많은 이들이 즉각 떠올릴 만한 대답은 역시 (여성) 성소수자-퀴어 예술가들이 처한 경제적인 상황('돈이 없어서') 때문에 그들이 공적인 방식으로 작업을 노출할

---

3   퀴어 미술의 정의에 관해서는 비교적 최근에 발행된 아래 두 편의 글을 참조하라.
    정은영, 「지금, 한국 퀴어미술의 어떤 경향」, 『일다』, 2021년 11월 26일, https://www.ildaro.com/9209, 남웅, 「동시대 퀴어/예술의 예속과 불화」, 『웹진 세미나』 2호, http://www.zineseminar.com/wp/issue02/동시대-퀴어-예술의-예속과-불화/.

기회를 적게 가질 수밖에 없다는 것이다.[5] 그러므로 버젓이 존재하는 (여성) 성소수자-퀴어 시각 예술은 안 보이는 것'처럼' 간주된다. 한편 '예술'이라는 범주에 초점을 맞춰보자면, 이 특수한 장르가 정체성 정치와 행동주의, 그리고 페미니즘 미술이라는 극단적인 두 스펙트럼에 걸쳐 포진해 있음을 발견할 수 있다. 요컨대 레즈비언을 다룬 시각적 재현이 있다고 할 때, 그것은 즉각 퀴어-페미니즘 이론과 비평의 정치적인 지형 안에서 수용된다. 그러므로 '오로지' (여성) 성소수자로서만 독해될 수 있는 시각적 재현이란 (그것의 애매한 장르적 경계 때문이라기보단 강한 비평적 틀에

---

4 게다가 이것은 사실이 아니다. 서울에서 (여성) 성소수자-퀴어 정체성을 작업의 (주된) 주제로 삼는 작가들을 (내 능력 부족으로 인해) 전부 열거할 수 없겠지만, 이 글이 발표된 시점인 2023년 8월로부터 약 1년 내 이들 중 일부가 올린 전시의 목록은 다음과 같다. 《Mosquitolarvajuice 모스키토라바쥬스》(차연서 기획/연출/제작/개발, LES601 선유, 2022.12.30.–2022.12.31.), 《임아진, 강우솔 2인전: (불)응하는 몸 (un)fortunately, (un)body》(스페이스 미라주, 2023.5.18.–2023.6.1.), 《리단 개인전: Being Boring》(스페이스 미라주, 2023.6.8.–2023.6.22.) 등. 물론 영화와 연극, 웹툰과 팟캐스트 같은 장르까지 아우른다면 이 목록은 더 늘어날 것이다.

5 나는 이 문제를 이반지하 작가, 문상훈 작가와의 인터뷰 형식으로 쓴 아래 글에서 다룬 바 있다.
이연숙(리타), 「없거나 또는 안 보이거나 : 동시대 한국 레즈비언 미술이라는 곤란함에 관하여」, 『계간 시청각』 5호(서울: 시청각 2021), 109–136.

리단, 〈신체의 이음매〉, 2023, 나무 패널 위에 아크릴 물감, 매직, 주사(朱砂), 100×80cm.

리단, 〈레즈 이외엔 속하지 않는 나라에서 왔어〉, 2023, 캔버스에 사원 공양용 종이, 아크릴 물감, 매직, 적색 안료, 90.6×116.8cm.

가려져) '덜' 보이거나 '안' 보일 수밖에 없게 되는 것이다. 또한 그들이 보이긴 보이되 지금까지의 (서구/남성/이성애 중심적인 방식으로 구성된) 예술사적/미학사적 해석과 평가의 체계를 통해서는 제대로 인지될 수 없는 방식으로만 미약하게 보이는 것일 수도 있다. 우리는 이런 식으로 '잘' 안 보이는 것들의 존재 양식을 설명하고 심지어 평가할 틀거리frame를 (지금으로서는) 많이 가지고 있지 않다. 그것은 오랫동안 열등한 것으로 간주되어 왔기 때문이다. 주지하다시피 보이지 않는 것과 보이는 것의 이원론은 근대적 (남성) 주체의 구성 원리로 간주되는 시각중심주의에 의존하고 있으며, 이러한 시각중심주의는 또한 서구적 인식론의 바탕이 되는 로고스중심주의에 의존하고 있다. 전통적인 이원론의 도식을 따르자면 보이지 않는 것은 곧 여성(적인 것)이며, 감정적인 것이며, 시각적인 것에 비해 '동물적'이라 간주되는 촉각적인 것이며, 무엇보다 비물질적인 것이다.

(여성) 퀴어–성소수자 시각 예술의 비가시성을 다루는 이 짧은 노트에서 나는 결론 대신 다음의 제안을 남기고자 한다. 차라리 우리는 이러한 보이지 않음을, 비가시성을 (여성) 성소수자–퀴어 시각 예술이 존재하는 방식의 조건으로 다시 생각해야 하지 않을까? 이는 '가시성'에 집중하다 보면 잊기 쉬운, 그것의 '부재'라는 공백 속에 파묻힌 보이지 않는 기억과 감각을 어떻게 시각 예술의 형식을 통해 소환할지에 대한 질문을 가능하게 할 것이다.

7장

라운드 테이블
"레즈비언 미술은 왜 구린가"

이 글은 2022년 9월 총 3회에 걸쳐 서울시립미술관 세마 러닝스테이션(서소문 본관 2층)에서 진행된 SeMA 비평연구 프로젝트: 2022 라운드테이블 '저급 이론들의 연합'의 첫 번째 순서인 「여성 퀴어 작가의 콜렉티브」를 글로 옮기고 보완한 결과다. 책에는 수록되지 않은 「아마추어리즘과 비평」 「실패의 퀴어 예술」의 녹취록은 서울시립미술관 모두의 연구실 '코랄'에서 읽을 수 있다.[1] 이 글을 포함한 총 3편의 녹취록은 라운드테이블 현장에서 벌어진 모든 음성 기록을 최대한으로 문서화한 기록물로서 '현장 그 자체'일 수 없다는 한계가 있으나 독자의 편의와 가독성을 고려해 편집되었다. 아래의 글은 라운드테이블의 녹취록이 '코랄'에

---

1 「SeMA 비평연구 프로젝트: 2022 라운드테이블 1. 여성 퀴어 작가의 콜렉티브」, 2022년 9월 8일, 패널: 야광 콜렉티브, 홍지영, 이연숙, http://semacoral.org/features/sema-art-criticism-research-2022-roundtable-1-lesbian-queer-collective.
「SeMA 비평연구 프로젝트: 2022 라운드테이블 2. 아마추어리즘과 비평」, 2022년 9월 16일, 패널: 강덕구, 이어로, 이연숙, http://semacoral.org/features/sema-art-criticism-research-2022-roundtable-2-amateur-criticism-critic.
「SeMA 비평연구 프로젝트: 2022 라운드테이블 3. 실패의 퀴어 예술」, 2022년 9월 23일, 패널: 문상훈, 양승욱, 이반지하, 이연숙, http://semacoral.org/features/sema-art-criticism-research-2022-roundtable-3-queer-art-of-failure.
「SeMA 비평연구 프로젝트 2022 〈저급 이론들의 연합〉: 후기」, http://semacoral.org/features/sema-art-criticism-research-2022-low-theories-coaliation-epilogue.

공개된 후 작성한 후기의 일부다.

'저급 이론들의 연합'은 잭 할버스탐Jack Halberstam 의 책, 『실패의 퀴어 예술The Queer Art of Failure』에 등장하는 용어인 '저급 이론low theory'을 차용한 제목이다. 잭 할버스탐 역시도 스튜어트 홀Stuart Hal에게서 차용한 용어인 '저급 이론'은, 우리가 살아가는 세상 속에 존재하는 '고급'과 '저급'의 이분법적인 위계를 겨냥할 뿐만 아니라 '저급'으로 간주되는 것들을 옹호하고 긍정하기 위해 도입됐다. '고급'들의 반대항에 놓이는 '저급'은 결코 '정전canon' '고전classic'의 반열에는 오를 수 없을 하위문화적 생산물들, 그리고 자본주의 내에서의 성공과는 거리가 먼, 즉 계속 그런 식으로 산다면 필패가 예정되어 있는 '패배자loser'들에게 어울리는 단 하나의 이름이다. 내용물이야 어찌 되었든 '저급한 것'으로 자동 분류되는 하위문화적 생산물들과 마찬가지로, '패배자'들에게 '그런 식으로 살지 않을 수 있는' 옵션이란 존재하지 않는다. 애당초 당신이 가난하다면, 동성과 사랑에 빠진다면, 이성애-재생산 모델에 복무하지 못한다면, 아프고 장애가 있다면, '외국인'이라면, 나이가 들었다면, 자본주의의 명령에 복종하지 않는다면 당신은 실패하게 되어 있다. 아니 당신이 실패하기도 전에 실패가 당신을 선택한다. 이러한 단언은 '노오력'의 신화와 성공의 환상을 배반하기에 소수자들에게 특히 고통스러운 비관주의에 불과할지도 모른다. 하지만 고통을, 실패를 전유하기란 소수자들의 '전통적' 기술이자 유일한 무기가 아니던가? 소위 '정상 사회'라고 하는 내부의 '구성적 외부'로서 내쳐지는 우리, 남들이 말하는 평균 그 미만에 위치하는 우리를 퀴어라고 부를 수 있다면, 그것은 다름 아닌 이처럼 울적한low 실패의 경험과 감각을 통해서다. 이러한 관점은 '다양한' 성적 정체성을 아우르는 우산 개념으로서의 퀴어, '정상 사회'의 포용과 관용, 인정을 기다리는 '재미있는' 문화적 용어로서의 퀴어를 거부한다. 퀴어는 실패자다. 퀴어(한) 예술이란 실패하는 예술 또는 기술art이다. 실패를 기술로 간주할 수 있다면 우리는 더 잘 실패할 수도 있을 것이다. 심지어 그것을 즐길 수도 있을 것이다.

나는 이러한 이론적 참조점을 배경에 두고 '저급 이론들의 연합'을 각기 다른 주제를 가진 세 번의 라운드테이블로 구성했다. 야광 콜렉티브(김태리, 전인)와 홍지영과 함께 한 첫 번째 라운드테이블은 "여성, 퀴어, 콜렉티브"라는 제목으로 '콜렉티브'라는 협업 또는 친밀성의 형식, 레즈비언 '미학'의 특수성에 관한 질문들을 나눈 자리였다. 우리는 레즈비언의 최소 정의를 비워 둔 채 무책임한 '인상 비평'을 던지며 과연 '레즈비언적인 것'이란 무엇인지 탐문했다. 강덕구, 이여로와 함께 한 두 번째 라운드테이블, "아마추어리즘과 비평"에서는 아마추어리즘, 블로그 네트워크, (청년 세대에게는 더더욱 구축하기 힘겨워진) 독립적인 보상 피드백과 우정에 대한 대화가 오갔다. 나는 이 라운드테이블을 통해 퀴어(한) 스타일과 태도로서의 실패를 각기 다른 학제적/공동체적 맥락 내에 존재하는 아마추어적인 것, 소수자적인 것들과 간접적으로 연결해보고자 했다. 마지막으로 문상훈, 양승욱, 이반지하와 함께 한 세 번째 라운드테이블은 "실패의 퀴어 예술"이라는 제목으로, 우리는 예술 기금으로 표상되는 공적 기관/제도/체계로부터 인정, 퀴어 예술(계) 내부의 차이, 축적되는 실패의 감각에 대한 우울하고도 진지한 이야기를 나눴다. 특히나 소란한 수다와 침묵, 열띤 성토와 넋두리 사이를 오갔던 마지막 라운드테이블을 진행하며 보았던 얼굴들, 표정들을 오래 잊지 못할 것이다.

사실, 어떻게 복기해봐도 세 번의 라운드테이블에서 다뤄진 주제들이 마냥 '즐길 만한' 것이라고 하기는 어려울 것 같다. 회피나 거부 없이, 충실하게 라운드테이블의 질문들에 응답해준 패널들에게 진심으로 감사를 전한다. 또한 적극적인 질문을 통해 현장의 분위기에 열기를 더해준 청중들 한 분 한 분께도 이 자리를 빌려 감사를 표하고 싶다. 끝으로 SeMA 비평연구 프로젝트 담당자인 서울시립미술관의 김진주 학예연구사님, 초고를 만들어주신 박지연 코디네이터님, 그리고 초고를 바탕으로 라운드테이블 녹취록을 교열해주신 정혜진 편집자님께 큰 감사를 드린다. 녹취록이 행사 이후 무사히 완성된 형태로 온라인에 게시될 수 있었던 것은 바로 이 분들의 노력과 노동 덕분이다. 이처럼 많은 이들이 보여준 애정과 관심이 곧장 '저급 이론들의 연합'에 특별한 자격이나 가치를 부여하지는 않겠지만, 그럼에도 불구하고 나는 우리가 나누었던 정답이 없는 질문들이 무엇보다 소중한 것이었다고 생각한다. '저급 이론들의 연합'은 끝났지만, 우리의 실패와 우정을 위한 대화는 계속되어야만 한다.

참여자

야광

90년대생 레즈비언 예술가 동인 김태리, 전인으로 이루어진 콜렉티브. "동시대를 살아가는 90년대생 여성 퀴어의 사랑과 실패, 노동"에 관심이 있는 이들은 첫 번째 전시 《윤활유: Lubricant》(2022)를 열었다. 전시를 통해 이들은 "섹슈얼리티에 관한 급진적 시도를 통해 젠더의 고정된 시각성과 개념을 배반하고, 가공된 내러티브의 직조를 통해 동시대의 불화하는 타임라인에 응답하는 움직임"을 보여주고자 했다.

홍지영

사진을 주요매체로 활동하며, 신체를 기반으로 퀴어, 폭력, 섹슈얼리티를 연구한다. 보이지 않지만 실재하는 것들을 위해 사진을 찍고 글을 쓴다. 보스토크 프레스의 공모 프로그램 '도킹 docking!'에 선정되어 『물의 시간들』을 출간했다. 창작그룹 팀 W/O F.의 소속 작가로 기획을 맡고 있다.

이연숙: 오늘 라운드테이블에 참여하실 세 분을 소개하며 본격적으로 이야기를 해보겠습니다. 여기 오신 분들은 아마 퀴어, 여성 퀴어, 특히 레즈비언이라는 단어를 관심 있게 보시고 오셨으리라 생각합니다. 오늘의 라운드테이블은 이론적으로 접근하는 자리라기보다는 조금 더 열려 있는 장이라 생각하시면 좋을 것 같습니다. 그래서 관객들께 질문도 많이 드리고 같이 대화를 나누면서, 손에 잡히지 않고 공식적으로 정의되지 않은 개념인 '저급 이론'에 대해 이야기하는 자리를 만들었으면 합니다. 이러한 문제의식을 텍스트로 유통하는 것도 의미가 있겠지만, 미술관 안에서 라운드테이블의 형식으로 이야기를 나누는 것 또한 의미가 있다고 생각합니다. 저로서는 서울시에서 운영하는 제도권 안의 미술관에서 저급 이론을 주제로 이야기한다는 점에 상당한 쾌감을 느끼고 있습니다.

첫 번째로 나눌 질문은 "'레즈비언 퀴어 예술만의 미적 형식'이라는 것이 존재할까?"입니다. 만약 존재한다면 그것은 대체 무엇인지, 레즈비언 미술은 일반적으로 '구리다'고 이야기되는데 '구리다'라는 말의 정체가 무엇인지를 세 분과 이야기해보는 시간을 갖고자 합니다.

먼저 야광 콜렉티브를 소개합니다. 야광 콜렉티브는 90년대생 레즈비언 예술가인 전인, 김태리 두 분이 함께 활동하는 팀으로, 작가 소개를 인용하자면 "동시대를 살아가는 90년대생 여성 퀴어의 사랑과 실패, 노동"에 관심을 가져왔습니다. 작품을 통해 "섹슈얼리티에 대한 급진적 시도를 통해 젠더에 고정된 시각성과 개념을 배반하고, 가공된 내러티브를 직조해 동시대와 불화하는 타임라인에 응답하는 움직임"

을 보여주고 있고요. 2022년 6월에 열린 첫 번째 전시 《윤활유: Lubricant》는 반응이 굉장히 뜨거웠고 여러분 중에서도 관람하신 분들이 계실 텐데요. 저는 이 전시가 "'레즈비언 미술'이 있다면 그것은 어떤 형식이 될 수 있을까?"를 본격적으로 질문했다고 생각합니다. 《윤활유: Lubricant》에서 두 분은 영상 작업과 설치 작업, 그리고 여러 페인팅도 선보였는데요, 이 전시의 백미는 총 2회로 진행된 퍼포먼스였습니다. 마치 클럽 같은 분위기에서 그 장소에 있는 사람들의 얼굴을 확인하는 특이한 경험을 할 수 있었던 시간이었습니다.

홍지영 작가님은 사진을 주요 매체로 활동합니다. 작가 소개를 인용하자면 "신체를 기반으로 퀴어, 폭력, 섹슈얼리티"에 관심을 보여 왔고요. 2020년 보스토크 프레스의 공모 프로그램 '도킹docking!'에 선정되어 사진집 『물의 시간들』(보스토크 프레스, 2022)을 출간했습니다. 요즘 활발하게 활동 중인 W/O F.(이하 우프)라는 창작 그룹에 속해 있기도 합니다(우프는 2021년에 창간호 『슬픈 구멍』을, 2023년에 2호 『Trash Can: 나의 힘은 쓰레기통이다』를 발간했다). 제가 『물의 시간들』에서 흥미로웠던 점은, 홍지영 작가님이 자신의 연인이자 디자인 작업을 하는 황아림 작가님과 사적인 맥락이 드러난 사진들, 그와 주고받은 편지들을 책 중간중간에 끼워넣은 것입니다. 물론 사적인 맥락이 공적으로 드러날 때 그것은 취약하고 연약해 보일 수도 있습니다. 그러나 저는 여성 퀴어들의 이런 작업이 갖는 힘이 있다는 생각을 했습니다.

"취약함과 함께 작업하기"

이연숙: 저의 간단한 소개를 통해 야광 콜렉티브와 홍지영 작가님의 지향점을 가늠하셨으리라는 생각이 듭니다. 덧붙이자면 사적인 친밀함을 작업으로 보여주는 두 팀의 방식을 단순히 '아름답다'고 정의하기는 어렵습니다. 더 복잡하고 더 접근하기 힘든 면이 있습니다. 그럼 이제 이야기를 본격적으로 해보겠습니다. 우선 저는 '레즈비언 콜렉티브'라는 활동 방식이 매우 흥미로웠어요. 많은 레즈비언 작가들이 한국에서 드러나든 드러나지 않든 활동을 하고 있습니다. 하지만 콜렉티브라는 형식 아래서 "우리는 레즈비언 연인이자 작가로서 작업을 한다"라고 밝히는 건 제가 알기론 야광 콜렉티브가 처음이거든요. 이런 방식으로 활동하게 된 계기와 이유가 궁금합니다.

전인: 저와 김태리 작가는 생업으로 촬영장의 미술팀에서 동료로 일하고 있습니다. 그러다보니 같이 지내는 시간이 길어졌습니다. 콜렉티브를 결성하게 된 건 '윈드밀'의 창작자 공간 지원 프로그램에 기획서를 내면서였습니다. 기획서도 레즈비언에 관한 내용으로 준비했는데요. 작년(2021) 여름쯤 서울에서 퀴어 전시들이 크게 열려 몇몇 작가들의 전시 이벤트를 보았는데 그때 양가적인 감정이 들었기 때문입니다. 일차적으론 부러웠지만 나도 제대로 해야겠다는 용기를 얻어서 콜렉티브를 결성하게 됐습니다.

이연숙: 사실 저는 저급 이론이라는 주제로 다른 레즈비언 또는 여성 퀴어 작가들과 대화를 나눌 때 이 '양가적 감정'에 대한 이야기가 자주 등장한다는 점이 흥미로웠어요. 예를 들면 어디서 그룹전이 열렸는데 다 남성 퀴어, 게이들 위주였다는 이야기, 여성 퀴어들은 그 존재가 잘 보이지 않는 같다는 식의 이야기들을 하시더라고요. 작가님 주변에서도 이런 이야기가 자주 나오는 편인가요?

전인: 네, 주변에서 많이 들은 이야기입니다. 게이 작가들의 전시에 가면 요즘 퀴어 미술이 핫한 것 같다는 이야기를 퀴어 당사자가 아닌 이들에게서 여러 번 들었어요. 그때마다 레즈비언들의 미술도 분명히 존재하는데, 왜 그 부분은 게이 작가들의 전시에 비해 크게 주목받지 못할까 하는 궁금증이 들었습니다. 이런 문제의식은 당연히 부정적인 감정만 일으키지 않았고 제 작업의 원동력이 되기도 했습니다.

김태리: 저도 비슷하게 생각하고 있습니다. 그래서 양가적 감정이 들었다고 할 수 있죠.

이연숙: 우프는 어떻게 결성하게 됐나요?

홍지영: 우프는 총 6인이 모여 결성한 팀입니다. 사진가와 디자이너로 구성되어 있어요. 우프는 레즈비언 콜렉티브라고 하기에는 좀 어려운 점이 있습니다. 우프가 어떻게 만들어졌는지 먼저 얘기해보겠습니다.

당시에 사진을 보여줄 만한 기존 매체는 두 군데 정도밖에 없었어요. 거기서 우리의 사진을 보여주려면 우리 작업이 그 매체들의 마음에 들어야 했습니다. 아무래도 그게 어려운 점이었죠. 그래서 우리 작업을 보여줄 수 있는 곳을 직접 만들자는 생각에서 함께 사진을 공부한 친구들과 팀을 결성했습니다.

이연숙: 앞서 말씀 드렸듯이 홍지영 작가님의 작업은 두 사람의 사적 관계를 잘 보여주고 있어서 거기서 나오는 힘도 있지만, 이를 공적 장소에서 드러냈을 때 한 개인으로서 취약해질 수 있는 점들도 있잖아요. 그래서 저는 콜렉티브 활동을 하는 분들께 궁금증이 생겼습니다. 사적인 맥락들이 작업의 전면에 노출되는 것에 대해서 어떻게 생각하시나요?

김태리: 불안함이 없다고 하면 거짓말일 것 같습니다. 그럼에도 이 관계를 밝히지 않으면 우리 작업에서 이해가 되지 않는 부분이 너무 많을 거라고 생각했어요. 우리가 레즈비언이라고 드러내는 일을 목적으로 삼지는 않았죠. 다만 우리 관계가 작업에 자연스럽게 노출되고 있으니 처음부터 우리가 레즈비언 연인임을 알려주고 시작하자는 생각을 한 것 같습니다.

전인: 사실 사적 맥락을 미리 설명하자는 합의를 해본 적도 없는 것 같네요. 우리의 관계가 작품에 매우 자연스럽게 드러났고, 이게

큰일이라는 걸 깨닫게 된 건 《윤활유: Lubricant》를 연 후 사람들의 호응 때문이었습니다. 엄청난 불안감을 느끼는 동시에 연인과 작업을 함께할 수 있다는 사실 자체가 행운이라고 생각했습니다.

홍지영: 저도 비슷했습니다. 제가 사적인 이야기를 하고 있다는 사실은 항상 인식하고 있었습니다. 저는 사진을 찍는 사람인데, 셀프 포트레이트를 찍으면 저의 이야기와 사적인 맥락뿐 아니라 제 얼굴과 신체가 모두 다 공개됩니다. 제가 애인 사진을 찍을 때도 마찬가지입니다. 어떤 식으로 유통될지 전혀 알 수 없는 사진의 매체적 특성 때문에 걱정을 많이 했죠. 그런데도 이렇게 해야겠다고 생각한 건 선택지가 별로 없었기 때문이었습니다.

"레즈비언 미술은 왜 구린가?"

이연숙: 이제 다음 질문으로 넘어가도록 하겠습니다. 야광 콜렉티브와 홍지영 작가님, 그리고 제가 사전 미팅에서 합의한 질문이죠. 모두가 알고 있다고 생각하지만 공적으로 드러내어 이야기해본 적은 없는 질문을 던져보고 싶었습니다. "왜 레즈비언 미술은 구리게 느껴지는가?"라는 질문인데요. 레즈비언 미술은 구리다는 통념이 우리끼리는 공유되고 있다고 생각하는데, 실제로 얼마나 많은 사람들이 이 통념에 동의하는지는 모르겠습니다. 본격적인 이야기를 나누기 전에 오늘 와주신 분들께 이 통념에 대한 동의 여부를 묻고자 합니다. 저희는 레즈비언 미술이 구리다는 것을 각각 다른 맥락과 배경 속에서 알거나 느끼게 되었는데, 참석자 분들 중에서는 얼마나 많은 분들이 이 명제에 동의하시는지 궁금합니다. 레즈비언 미술이 구리다고 생각하시는 분은 손을 들어주세요. (거수 상황을 확인한다) 생각보다 몇 분 안 계시네요. 그러면 다른 방식으로 질문을 해볼게요. "레즈비언 미술은 구리다"라는 명제에 대해 알고 계시는 분 있나요? (거수 상황을 재차 확인한다) 생각보다 별로 없네요. 레즈비언 예술이 구리다는 건 일부의 의견인가봅니다.

청중 1: '레즈비언 미술'이 무엇을 말하는지 설명해주시면 좋겠어요.

이연숙: 좋은 질문입니다. 우리는 오늘 '레즈비언 미술'에 대해

이야기하면서도 이것을 정의하고 있지 않습니다. 앞으로 몇 개의 예시를 보여드릴 텐데, 그 예시를 경유해 '구리다'라는 형용사를 이해해주시면 좋겠습니다. 우선 "레즈비언 예술은 구리다"라는 명제를 알고 있는 인원이 아주 적다는 것을 확인했기 때문에 저희가 공유하고 있는 맥락에서 이야기를 시작하겠습니다. 먼저 홍지영 작가님께서 레즈비언 미술을 어떻게 접했고, 또 어떤 점에서 구리다는 인상을 받았는지 설명해주실래요?

홍지영: 저는 필리스 크리스토퍼Phyllis Christopher라는 사진작가가 1988년부터 2003년까지 찍은 사진들을 다룬 사진집 『다크룸*Dark Room: San Francisco Sex and Protest, 1988–2003*』을 보고 레즈비언 미술이 정말 좋다고 생각했습니다. 처음부터 필리스 크리스토퍼가 레즈비언 작가라는 사실을 알고 찾아본 건 아니었습니다. 리서치를 하다가 좋은 사진들을 발견한 경우죠. 저는 스냅 사진을 볼 때 리듬감에 주목합니다. 현장에서 어떤 장면을 접할 때 자기만의 속도가 있는 사진작가들이 찍을 수 있는 특정 장면이 있는데, 필리스 크리스토퍼의 사진이 자신만의 리듬을 가지고 있다는 것을 깨달았습니다. 작가 본인도 사진을 찍고 난 후 암실에서 현상을 하면서 눈으로는 확인하지 못했던 장면을 혼자 발견하는 쾌감을 느꼈겠구나 싶었어요. 그런 점에서 필리스 크리스토퍼가 좋아 리서치를 해봤더니 그는 레즈비언 사진작가였습니다. 1980–2000년대에 시위에 참여하면서 레즈비언 커뮤니티는 물론 LGBT 커뮤니티 안에서 사진을 찍었던 작가였습니다.

이연숙: 필리스 크리스토퍼에 대해서는 홍지영 작가님을 통해 알게 되었는데요. 시위 현장에서의 친밀함과 에로스를 다룬다는 점에서 흥미로웠고, 이 사진집의 부제가 '섹스와 시위'라는 것도 매우 흥미로웠습니다.
저는 2022년 여름 아트선재센터에서 아티스트 토크를 하기도 했던 캐서린 오피Catherine Opie라는 작가를 소개해드리겠습니다. 미국의 유명한 레즈비언 드라마 〈엘워드L-word〉의 오프닝에 등장하는 수염 난 부치들의 사진을 통해서 이 작가를 처음 알게 되었어요. 이 사진은 부치와 트랜스젠더의 경계에 있는 부치들의 초상을 찍은 작업입니다. 여기서 저는 이끌림을 느끼는 동시에 강렬한 충격을 받았고, 캐서린 오피의 작업이 제게는 레즈비언 미술의 첫인상으로 남았습니다. '이 미술은 나에게 왜 이렇게 구리게 느껴질까?'라는 고민의 시작이었죠. 이런 이야기들이 작가님들께는 어떻게 들리시는지, 공감하시는 부분이 있는지 궁금합니다.

전인: 저는 40대 레즈비언 작가님에게서, 본인이 대학에 들어가서 작업을 시작한 이래로 레즈비언 미술의 미감이 다 구렸다는 말을 자주 들었습니다.

홍지영: 사진작가들의 작업 중에는 퀴어들을 앉혀놓고 초상을 찍은 다음 그 옆에 커밍아웃과 관련한 사적인 내용을 일기로 쓴 것을 붙여놓은 것들이 매우 많습니다. 커밍아웃을 했지만 이제는

다 이겨내고 꿋꿋이 살아가는, 따뜻하고 안전한 곳에 있는 퀴어의 초상을 찍은 사진들은 구리다기보다는 재미가 없다고 느껴집니다. 질리지만 항상 반복되는 그런 작업들로 보여요. 작업으로서의 매력은 없다는 생각이 들죠.

이연숙: 저는 보통 그런 종류의 작업들은 '우리가 여기에 있다'는 식으로 무언가를 선언하거나 발화하면서 증명사진처럼 쓰이는 용도 외에는 작업으로서 치열하게 고민한 흔적이 느껴지지 않는다고 생각했습니다. '구리다'라는 말에 되게 여러 가지 의미가 있겠지만, 저에게는 그런 작업들이 무엇보다도 '운동'의 목적성이 강하다고 느껴졌습니다. '이럴 거면 굳이 사진을 왜 찍는가'라는 생각까지 했죠. 그런데 전인 작가님께서는 또 다른 예시를 언급하고 싶으시다고요.

전인: 저는 이반지하 님을 소개하고 싶네요. 저는 20대 초반에 이반지하 작가님의 작업을 보고 애초에 좋거나 싫다, 혹은 어떻다는 식의 감정 판단을 할 수 없었고 너무 충격을 받았습니다. 저는 지금까지도 이반지하 님의 광팬입니다. 레즈비언 커뮤니티에서 접하는 이반지하 님의 글과 그분에게서 느껴지는 정서가 즐길 수 있고, 재미있고, 충격적이면서도 효과적이라서 너무 좋았습니다.
한편 구리다는 것은 '촌스럽다'라는 말과 이어지는 것 같습니다. '촌스러운 것'은 현재 사회가 바라는 주류보다 좀더 뒤에 있는 것이라고 할 수 있겠죠. 공간적으로 생각하면 레즈비언 미술은 시위 현장에

있는 수많은 플래카드와 사람들, 낡은 건물들, 수도권이 아닌 지방 시내의 철제 간판, 굴러다니는 쓰레기들 같은 느낌으로 저에게 다가온 것 같습니다. 이런 것들은 제게 의미가 있습니다. 저는 앞서 언급한 공간에서 습득한 시각적인 요소들을 제 작업에 적극적으로 활용하려고 합니다. 저는 그것들을 예쁘다고 판단하기도 합니다. 구린 것은 예쁠 수도 있는 거죠.

"'구리다'고 인식되는 것들"

이연숙: 말씀대로라면 구리다는 건 계급적·계층적·지역적인 것들과도 결부해서 생각해볼 수 있겠네요. 이어서 말씀해주실 수 있을까요?

홍지영: 말하지만 레즈비언은 위스키나 칵테일이 아니라 소주의 이미지가 레즈비언과 맞닿아 있죠. 이어서 우프라는 팀 이야기도 해보자면, 구성원 6인 모두가 서울에서 태어나지 않았고 한 명만 4년제 대학을 졸업했습니다. 우프에는 경기도 외곽이나 지방에 있다가 서울로 이동해서 살고 있는 친구들이 많고 비평이나 미술을 전공하는 친구는 없습니다. 그러니까 우리의 작업이 구려지는 이유는, 우리가 제도권 예술이 요구하는 모든 조건을 충족하지 않아서가 아닐까 싶습니다. 우리가 처음부터 팀의 성격을 이렇게 지향한 것은 아니고요. 하다보니 이렇게 팀이 만들어졌고, 다른 이들과 비교해보니 우리의 위치성을 깨닫게 된 겁니다. 우리는 이 위치에서 무엇을 어떻게 할 수 있을지 고민해보는 중입니다.

이연숙: 저는 이 주제에 대한 사전 미팅을 하면서 "어떤 것이 구리다고 평가되는가?"라는 질문과 "우리가 왜 이걸 구리다고 인식하고 구린 것으로 읽어내는가?"라는 질문은 성격이 다르다고 생각했습니다. 홍지영 작가님도 언급해주셨듯 구리다고 인식되는 것들은 모두 '밑에 있는 존재들'입니다. 홍지영 작가님은 밑에 있는 존재들이 생산하는

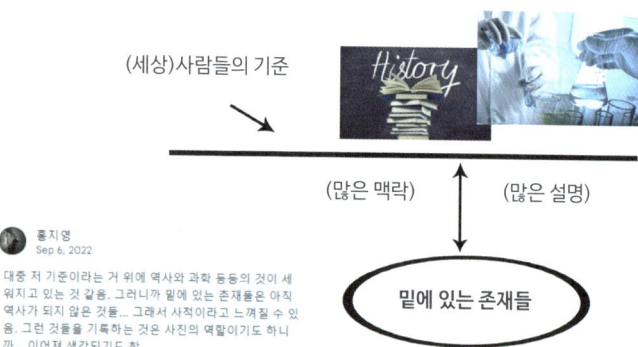

홍지영
Sep 6, 2022

대충 저 기준이라는 거 위에 역사와 과학 등등의 것이 세워지고 있는 것 같음. 그러니까 밑에 있는 존재들은 아직 역사가 되지 않은 것들... 그래서 사적이라고 느껴질 수 있음. 그런 것들을 기록하는 것은 사진의 역할이기도 하니까... 이어져 생각되기도 함

라운드테이블 진행 당시 청중들의 이해를 돕기 위해 만든 이미지.
아래 대화는 해당 이미지를 화면에 띄운 채 진행되었다.
제공: 이연숙

것은 그들의 삶의 방식과 일맥상통한다는 이야기를 해주셨습니다. 함께 도식 하나를 살펴보겠습니다.

사전 미팅에서 "왜 레즈비언 미술은 구리다고 인식될까?"라는 질문에 대해 홍지영 작가님께서 이런 설명을 하셨습니다. 사람들의 기준 속에는 역사와 과학 등등이 있다. 그런데 밑에 있는 것들은 아직 역사가 되지 못했기에 그 기준에 포함되지 못한 것이다. 그래서 밑에 있는 것을 더 위쪽에 있는 기준들과 마찬가지의 방식으로 설명하기 위해서는 매우 많은 사적인 맥락들, 구구절절한 말들이 필요하다. 그리고 그런 방식으로 설명하게 되면서 덜 시각적·예술적으로 보이거나, 혹은 덜 상업적으로 보이거나 덜 매력적으로 보인다.

저는 홍지영 작가님이 이 예시를 제시했을 때 사실 깜짝 놀랐습니다. 이 모델이 푸코가 설명한, 앎 혹은 지식이 어떻게 생산되는지에 대한 문제와 닮아 있기 때문입니다. 잭 할버스탬은 『실패의 퀴어 예술』 1장에서 '왜 우리가 저급 이론을 우리의 무기로 삼아야 하는지' 이야기하면서 푸코를 인용합니다. 푸코는 중요하게 여겨지지 않는 보통 사람들의 앎, 즉 죄수들의 앎일 수도 있고 레즈비언들의 앎일 수도 있으며 간호사나 노동자들의 앎일 수도 있는 것들을 우리가 공유하지 않음으로써 지속되어온 투쟁과 억압의 역사를 말합니다. 그는 밑에 있는 존재들의 앎을 가지고 우리가 싸워야 한다고 (간접적으로) 주장하는데, 홍지영 작가님이 이 모델과 매우 흡사한 방식으로 '왜 레즈비언 미술이 구린가?'라는 이야기를 해주신 것 같아요.

홍지영: 저는 '밑에 있는 존재'들이란 표현도 '정상인'을 기준으로 했을 때의 설명 같다는 말도 덧붙이고 싶습니다. 역사와 과학이라는 토대를 기준으로 말하니까 밑에 있는 존재들이라는 표현이 성립되는 거잖아요. 그런데 그 밑의 위치란 건 정말 밑이 아닐 수도 있죠. 밑의 상태를 가름하는 선은 옆에 있을 수도 있고, 밑에서부터 쌓이고 있는 것일 수도 있다고 생각해요.

이연숙: 어려워요. 좀더 직관적인 예시를 들어주실 수 있을까요?

홍지영: 밑에 있는 존재가 된다는 것 자체가 위에 무언가가 있음을 상정하는 거라고 생각합니다. 위에 있다고 간주되는 것이 사실 위에 있지 않을 수도 있다는 것입니다. 그냥 '나'인 상태로 생각했을 때, 저 위에 쌓여 있다고 생각되는 역사와 과학 같은 것들이 옆이나 밑에 있을 수도 있고 '나'라는 존재의 주위를 에워싸고 있을 수도 있죠.

"레즈비언 미술을 정의하기"

이연숙: 다음은 어려운 부분입니다. 정의되지 않은 것을 저희가 이 자리에서 정의하려고 하기 때문에 모두의 도움이 필요한 상황입니다. '레즈비언 미술'이라는 것을 임시로라도 정의해야 그것의 특징과 전략 등에 대한 이야기를 할 수 있을 것 같습니다. 그런데 이 자리에서는 명확한 정의를 내리는 대신에, 우리가 레즈비언 미술에 대해 어떤 수사적 특징들을 떠올리는지, 어떤 수사들로 레즈비언 미술을 설명할 수 있을지를 이야기하면서 좀 얼기설기한 정의를 만들어보면 좋겠습니다. 레즈비언 미술의 수사적 특징에는 어떤 것이 있을까요? 우선 돌아가면서 한 단어씩 얘기해보면 어떨까요?

전인: 저는 '구구절절'이라고 표현하고 싶습니다. '구구절절'은 면접에서 합격하기 위해 자신을 어필할 때 말이 많아진다든가, 중요한 자리에 갈 때 일부러 과하게 꾸미고 간다든가 하는 식의 행동이 늘어난다는 의미로 생각하시면 좋을 것 같습니다. 작업적인 것이든 아니든 할 말이 많고 설명을 하고 싶어 하며, 자기 스스로를 다른 사람에게 납득시키려는 태도를 '구구절절'이라 표현하고 싶습니다.

김태리: 저는 레즈비언이니까 역시 '성애적인 것'을 빼놓을 수 없다고 생각합니다. 레즈비언 작업을 보여주려고 하다보면 여자 두 명이 그냥 서 있는 것만으로는 설명이 안 되는 부분이 많습니다.

이연숙: 저희가 사전 미팅에서 백합물에 관한 반감에 대해서도 이야기했었죠?

김태리: 백합을 좋아하는 분들도 계실 테니까 선뜻 말하기가 어려운데요. 요즘에는 웹툰의 카테고리에서 '백합/GL'로 합쳐서 분류되는 경우도 있습니다. 그래서 어떤 걸 백합으로 볼 수 있는지 판단하는 것도 큰 난관이지만, 영화 〈윤희에게〉처럼 성애가 보이지 않고 손만 잡고 끝나는 정도를 백합으로 본다면, 레즈비언 미술에는 좀더 나아가 성애적인 것을 보여 주는 작가들이 더 많지 않을까요. 혹은 그보다 더 노골적으로 펨과 부치의 특징이라든지, 레즈비언만이 가지고 있는 명확한 것들을 더 보여주려고 하지 않나 싶습니다.

홍지영: 일단 제일 먼저 생각나는 건 '소주'인 것 같아요.

이연숙: 왜 이렇게 소주에 집착하시나요? 저는 소주를 좋아하지 않아서 사실 반박을 하고 싶었어요. 소주를 좋아하시나요?

홍지영: 네, 좋아합니다. 제가 저와 비슷한 사람들만 만나서 그런지, 제가 아는 레즈비언들은 다들 소주를 좋아하더라고요.

이연숙: 소주가 무엇을 의미하는 건가요?

홍지영: 옛날 아빠 같은 그런 느낌?

이연숙: 어쨌든 지금 나온 이야기들로 레즈비언 미술을 정의한다면 이 범주에 자발적으로 들어오려고 하는 사람들이 별로 없을 것 같은데요. 이 경우에 우리가 가질 수 있는 자긍심이 있을까요?

김태리: 이 촘촘한 망을 통과하여 남은 것들에 대한 자긍심을 말씀하시는 걸까요?

이연숙: 그렇죠. 지금 언급해주신 '구구절절' '성애적' '소주'로 표현되는 레즈비언 미술을 통해 우리가 얻을 수 있는 게 있을까요. 이걸 만약에 '전략'이라고 한다면요.

홍지영: 이건 조금 다른 맥락일 수도 있는데, 레즈비언 미술에 대해서 생각하려면 레즈비언이 뭔지에 대해서도 생각을 해야 하잖아요. 레즈비언은 고정된 것인가? 사실 정체성은 고정되기 힘든 거잖아요. 10년 동안 연애를 안 했지만 여성을 좋아하는 레즈비언도 있을 수 있고요, 서로 여성인 채로 만났지만 한 사람이 다른 성별로 정체화를 다시 하면 그의 파트너는 레즈비언일까요, 아닐까요? 레즈비언을 만나다가 남자를 만나게 될 경우 그 사람은 레즈비언의 범주에서 이탈하는 걸까요? 저는 정체성이 이처럼 임시적이고 유동적이며 인지적인 것임에도 불구하고 레즈비언 미술에 대해 말하고 싶다는

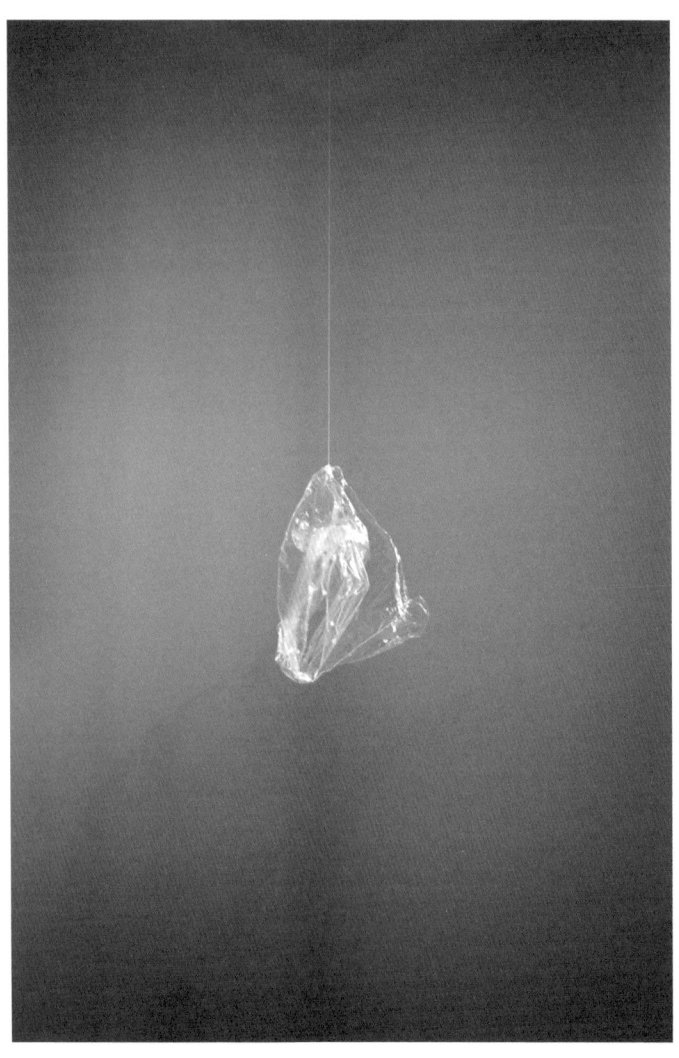

홍지영, 〈물의 시간들〉 연작, 2021. ⓒ홍지영

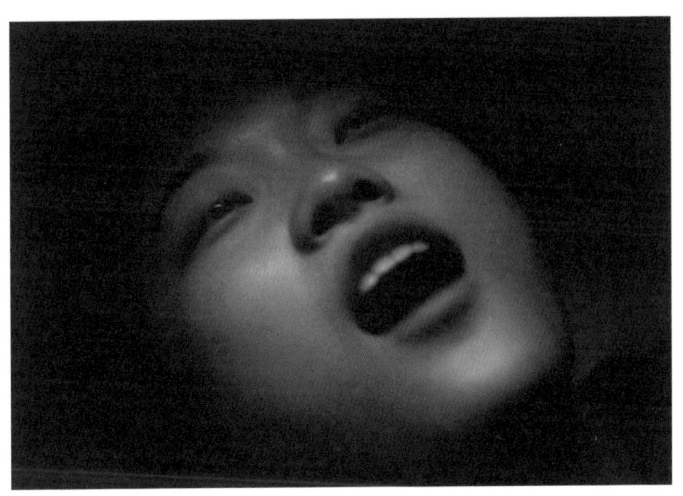

홍지영, 〈물의 시간들〉 연작, 2021. ⓒ홍지영

생각이 들었습니다. 레즈비언 미술은 특수한 방식으로 여성적임을 공유하는 어떤 감각을 가진 사람들이 하는 미술이 될 수 있지 않을까 하는 생각을 해봤습니다.

이연숙: 그것은 페미니즘 미술 아닌가요.

홍지영: 그런 문제가 또 생기는 것 같으니 결국 레즈비언 미술의 조건에서 '성애적인 것'을 빼놓을 수 없는 게 아닐까요?

이연숙: 저는 '레즈비언 미술'에서 정체성을 떼어내려고 했습니다. 레즈비언 미술을 레즈비언 정체성을 기준으로 정의하게 되면, 즉 '레즈비언이 하는 것이 레즈비언 미술'이라고 정의하면, 당장 레즈비언이 무엇인지부터 설명해야 하니까요. 그래서 저는 레즈비언 미술의 시각적·내용적·소재적 특징과 레즈비언 당사자를 분리하려 했습니다. 레즈비언 미술을 그런 방식으로 읽어낼 때 레즈비언 미술로서 출발하지 않은 것들까지 레즈비언 미술로 읽어낼 수 있게 될 것 같았거든요. 그래서 정체성이 아닌 수사적 '특징'을 통해 레즈비언 미술을 이야기해보려고 했던 것인데요. 어떻게 생각하세요?

전인: 전 레즈비언 클럽에서 일을 오래 했습니다. 일단 거기에 들어온 사람들은 제가 생각하는 존^{zone}에 입장을 한 사람들이라고 가정을 하고 바라봤던 것 같아요. 그들의 얼굴을 다 기억하지는 못하지만 일단 거기에 자유롭게 입장을 하는 사람들은 레즈비언이라는 가정하에 바라보곤 했습니다.

이연숙: 아마 지금 여기에 계신 분들은 모두 다 의견이 다를 텐데, 저는 전인 작가님 말씀에 공감이 됩니다. 레즈비언이라는 이름을 가져가려는 사람은 그냥 가져다 써라. 왜냐하면 여기에는 딱히 좋은 것이 없으니, 일단 가져다 쓰고 싶으면 써라. 저 역시 이런 방식으로 얘기를 하고 있습니다.
어제 이 토크를 준비하면서 예전에 제가 팟캐스트 '퀴어 방송'을 한창

했을 때 대화를 나눴던 한 남성이 생각났습니다. 스스로를 이성애자 남성으로 소개한 그분은 레즈비언에 관심이 많은 분이었습니다. 6–7년 전인데도 아직까지 기억이 나는 게, 그분은 레즈비언이라는 주제에 대해 몹시 이야기를 하고 싶다고 하셨거든요. 저는 당시에 그분을 취향이 왜곡된 사람이라 생각했습니다. 하지만 그분과의 대화를 다시 떠올리면서 그분은 아마도 레즈비언이었던 것 같다는 결론을 내리게 되었습니다.

레즈비언이라는 이름이 좋아서 가져가려는 사람은 이미 이상한 사람이라는 생각이 듭니다. 레즈비언이라는 자리는 영광스러운 자리가 아닌데, 여기에 굳이 관심을 가지면서 무언가를 가져가려는 사람은 뭘까요. 물론 레즈비언을 좋아하는 성적 취향을 가진 이성애자 남성일 수도 있겠지만, 그 정도의 관심이라면 그 사람을 레즈비언이라고 쳐도 되지 않을까요.

"레즈비언 미술의 전략들"

이연숙: 저희가 지금 레즈비언의 특징을 여러 수사들을 동원해 이야기하고 있습니다. 작가님들께선 '구구절절' '성애적' '소주'를 언급해주셨는데, 혹시 청중들 중에 이외의 의견을 말씀해주실 분이 계실까요?

청중 2: 제가 라운드테이블을 들으면서 레즈비언 미술의 특징으로 떠올린 것들을 나열해보자면 다음과 같습니다. 레즈비언 미술은 '가족 내 폭력' '추락'이나 '자살' '엄마에 대한 애증' 그리고 엘리트 여성일 경우에는 '마스킹masking'과 관련된다는 점인데요. 본인이 아무리 오픈리 레즈비언이라도 자신의 작업은 쉽게 레즈비언 미술로 분류될 수 없도록 일부러 혼란을 주는 특징이 떠올랐습니다.

이연숙: 말씀해주신 내용은 일반적으로는 '건강한' 상황을 이르는 수사들이 아닙니다. 병적이거나 감정적으로 격렬한, 부정적인 영역에 있는 것들이 레즈비언 미술과 관련된다는 이야기를 해주신 것 같습니다. 저로선 매우 동의하지만, 동의하고 싶지 않은 부분도 있는데요. 혹시 덧붙여서 한 분만 더 얘기해주실 수 있을까요? 아니면 이 이야기에 동의하지 못하는 분 계실까요?

청중 3: 말씀에 매우 공감했습니다. 지금 저에게 떠오른 이미지로 말하자면, 게이 미술은 생닭의 가슴살을 삶아서 예쁘게 플레이팅을 한, '파인 디쉬'로 분류될 수 있는 것을 추구한다면, 레즈비언 미술은 생닭가슴살을 탁 던져놓고 "나 여기 있다"라고 말하는 느낌이 듭니다. 저도 똑같이 20대 초반에 레즈비언 미술을 보고 구리다고 생각하며 등한시했습니다. 오늘 이 라운드테이블을 통해 제가 잘 모르고 있었다는 것을 알게 되었습니다. 레즈비언 미술에 대해서도 많이 배우고 '마스킹'이라는 단어도 새롭게 알게 되어 좋네요. 감사합니다. 덧붙여 저는 오늘 나온 이야기 중에 레즈비언 미술의 '꾸미지 않으려고 하는 특징'이 페미니즘의 탈코르셋과 연관이 될지도 궁금한데요. 이에 대해서는 어떻게 생각하시나요?

이연숙: 레즈비언 미술이 탈코르셋과 어떻게 연관이 되는지를 질문해주셨습니다. 둘은 매우 연관이 깊은데요. 1960년대 미국을 중심으로 정치적 레즈비어니즘 운동이 아주 뜨겁게 일어났습니다. 한국에서도 미국의 영향을 받아 이런 운동이 일어났다는 얘기는 아니고요. 운동에는 항상 어떤 극단을 향해 가는 부류들이 있습니다. 페미니즘에서의 정치적 레즈비어니즘 전략과 그 운동 속에서 나온 레즈비언 미술은 사회적·문화적으로 부과된 여성성을 거부하거나 그에 반박한다는 데서 매우 닮아 있다는 생각이 듭니다.

전인: 꾸미는 여성, 여성성이라고 여겨지는 것에 전적으로 대항하는 미술을 많이 봤는데요. 제 생각에 야광 작업에서 사용하는 시각적 전략은 여성성에 대한 '반발'이라기보다는 오히려 '과잉'인 것 같습니다. 저희는 레즈비언 생태계 또는 하위 문화에서 발견할 수 있는 시각적 요소를 반복하고 과잉되게 꾸미는 전략을 택하고 있습니다.

이연숙: 이 '과잉'에 대한 이야기는 이후에 이어서 더 해보죠. 그런데 페미니즘에 대한 논의는 여기서 일단락해야 할 것 같습니다. 왜냐하면 페미니즘이라는 주제가 종종 레즈비언이라는 주제를 잡아 먹어버리는 경우가 있기 때문입니다.
청중들께서 예시로 들어주신 이야기를 좀더 해보면 좋을 것 같습니다. 한 분은 게이 미술은 파인 다이닝 같고 레즈비언 미술은 날 것 같다는 이야기를 해주셨어요. 앞서 다른 분께서는 레즈비언 미술을 둘러싸고 있는 부정적인 감정들에 대해서 이야기해주셨습니다. 저는 엄마에 대한 양가적 감정이 레즈비언 미술에서 중심이 되기도 한다는 이야기가 인상적이었습니다. 이 부분에 다들 동의하시나요?

전인: 저는 동의합니다. 제 경험상 레즈비언 미술은 구리다고 말하는 사람들의 대다수가 레즈비언 미술을 하는 당사자인 경우가 많았습니다. 엄마의 경우에도 마찬가지인 것 같아요. 엄마가 자기 마음대로 컨트롤이 안 되는 자식에게 일부러 잔인하게, 못되게 구는 경우도 있잖아요. 얼마 전엔 다큐멘터리 〈러빙 하이스미스Loving Highsmith〉를

야광 개인전 《윤활유:Lubricant》(2022)의 전시 전경. 사진: 김태리

야광 개인전 《윤활유:Lubricant》(2022)의 전시 전경. 사진: 김태리

야광 개인전 《윤활유:Lubricant》(2022)의 퍼포먼스 현장. 사진: 홍지영

봤습니다. 가명을 사용하면서 새로운 글을 발표하며 작가로 살아가는 퍼트리샤 하이스미스Patricia Highsmith의 삶에서 엄마를 향한 애증과 폭력성 같은 것들이 중년 여성을 향한 사랑으로 이어지는 것을 볼 수 있었습니다.

홍지영: 저는 엄마에 대한 부분은 잘 모르겠습니다.

이연숙: 엄마에 대한 양가적 감정과 레즈비언 미술의 관계를 통합하려면 많은 사람의 동의가 필요할 것 같습니다. 지금까지

레즈비언 미술의 특징에 대해 스케치하듯이 이야기해보았는데요. 우리가 건강하거나 긍정적이거나 남들이 탐낼 만한 특징이 아닌 것을 가지고 어떻게 레즈비언 미술을 의미 있게 또는 재미 있게 만들 수 있을까요? 예를 들면 홍지영 작가님이 우프에서 하시는 프로젝트 제목이 『Trash Can! 나의 힘은 쓰레기통이다』인데요. 쓰레기통을 우리 것으로 삼으려는 방식이 하나의 전략이 될 수 있을까요?

홍지영: 쓰레기통의 특징이 매력적이어서 그것을 주제로 삼는 것을 1순위로 생각했어요. 잘라지고 이어 붙여지거나 계속 스캔되면서 열화(劣化)된 이미지들, 사적이고 구구절절한 이야기들이 저에게 매력적으로 다가왔고, 이런 작업을 하는 사람들을 항상 좋아했습니다. 만화, 웹툰을 볼 때도 외전이나 쪼가리로 올라오는 글과 그림이 항상 더 재미있었습니다. 그래서 우리 팀이 그간 못 했던 것들을 이번에는 다 해보고 디자인도 한껏 즐겨 보자는 의미로, 이런 특징과 방식을 전면에 내세웠습니다. 『슬픈 구멍』이라는 우프의 잡지 창간호에서 우리가 슬픈 감정을 분석하지 않고 포괄적이고 은유적인 방식으로 표현하려 했다면, 이번 『Trash Can! 나의 힘은 쓰레기통이다』는 슬픔이 어떻게 구성되고 있는지, 슬픔이 왜 쓰레기통에 들어가고 있는지를 살펴봤습니다.

이연숙: 야광 콜렉티브의 두 분은 이번 전시에서 '시각적 포만감'이라는 단어를 쓰면서 장식적인 부분을 극대화하는 시도를 하셨죠.

(앞서 '과잉'과 연관되기도 하는) '시각적 포만감'이라는 용어를 좀더 설명해주시면 좋겠습니다.

전인: 장식적인 것도 값어치에 따라서 고급 장식과 저급 장식으로 나뉜다고 생각합니다. 그런데 저에게 익숙한 장식은 거리나 시위 장소, 또는 대도시에 비해 낙후된 도시의 옛날 나이트 전단지 같은 것입니다. 저는 지금까지 시각적으로 정제되어 있고 많은 것이 소거되어 있는 작업을 많이 봐왔습니다. 그러나 그것에 재미를 느끼지 못했기 때문에 저는 하위 문화에서 반복적으로 나타나는 시각적인 요소들을 과잉되게, 크게 드러내고 싶은 욕구가 있는 것 같습니다. 그리고 이를 전략적으로 드러냈을 때 새로운 걸 만들어낼 수 있고, 이것에 동의하는 사람들을 모을 수 있으며, 그로부터 새로운 시작을 할 수도 있을 거라고 믿고 있는 듯합니다.

"하위 문화의 장소: 클럽과 미술관"

이연숙: 이제 마지막 질문입니다. 이 행사를 기획하고 사전 미팅을 하면서 제가 첫 번째로 하게 된 생각은 '서울시립미술관에서 레즈비언 얘기를 하고 싶다'는 것이었습니다. 두 번째로 한 생각은 '왜 그래야 하지?'입니다. 평소처럼 여성문화이론연구소를 빌려 얘기하면 될 텐데, '왜 내가 시립미술관에서 이 주제로 이야기를 하려고 할까? 이 욕망은 무엇일까?'라는 질문이 떠올랐습니다. 우선 '레즈비언 미술'이라는 것이 있다면 그게 미술관에 없기 때문에 우리가 모르고 있었던 것이며, 시위 현장이나 클럽 안에서는 언제나 있었다는 결론을 잠정적으로 내릴 수 있을 것 같습니다. 이 점에 대해선 동의하시나요? 어떻게 생각하세요?

전체: 네. 동의합니다.

이연숙: 그러면 하던 대로 클럽에 가고 시위 현장에 나가면 되는데, "왜 레즈비언 미술이 미술관 안으로 들어와야 하는가?" "미술관 안으로 들어오려고 하는 욕망이 왜 있나?" "왜 잘나가는 것처럼 보이는 옆집의 게이 미술가들에 대한 질투를 계속 할 수밖에 없을까?" 등의 질문을 하고자 합니다. 여러분들은 이러한 이야기를 어떤 감정으로 듣고 계신지 궁금합니다.

전인: 일단 목표는 소멸입니다. 하지만 그렇게 되기까지 레즈비언 미술

생태계의 풀을 더 넓힐 필요가 있을 것 같습니다. 하나의 생태계가 맞이할 수 있는 여러 가지 사건과 갈등, 이벤트들이 더 다양해진 뒤에야 소멸을 바라볼 수 있을 테니까요. 또한 소멸 이후를 함께 논의할 수 있어야만 하고요. 그렇기 때문에 서울시립미술관에서 이렇게 레즈비언 미술을 이야기할 수 있는 것이 중요하다고 생각합니다.

김태리: 저도 소멸이 중요하다고 생각하는데, 그 소멸을 누가 지켜보는가에 대한 궁금증도 있습니다. 오늘 이 자리에는 퀴어 여성, 퀴어 남성 분들이 많이 와주셨지만, 만약 레즈비언 미술이 제도권 안에 들어간다면 그러한 레즈비언 미술의 수용자층은 (미술관에 손잡고 데이트를 하러 오는) 헤테로 커플들이 주를 이룰 거라 생각합니다. 저는 그들이 레즈비언 미술을 어떻게 생각할지 궁금합니다. 최근에 방송한 〈메리퀴어〉는 퀴어 커플 몇 쌍이 나와서 퀴어한 일상을 보여주고 마지막에는 결혼과 미래를 약속하면서 마무리 짓는 리얼리티 쇼였습니다. 그 방송에서 EXID의 하니 님이 패널로 나왔는데요. 그분이 실제로 어떤지는 모르겠지만 그 방송에서는 헤테로 여성의 스탠스를 맡았고 1화부터 9화까지 매번 울기만 하셨습니다. 레즈비언, 퀴어는 무엇을 하든 불쌍해 보이나 싶을 정도로 많이 우셨죠. '만약 레즈비언 미술이 제도권에 들어온다면 사람들이 우리의 미술도 좀 다르게 보게 될까?' '우리가 보는 것과 일반인들이 보는 시각은 많이 다를까?' 하는 궁금증도 있습니다.

이연숙: 혹시 먼저, 빨리 소멸하는 것들이 정해져 있을까요?

김태리: 그렇지는 않지만, 그래도 생태계에서 취약한 것들이 먼저 소멸할 확률이 조금 더 높지 않을까요?

홍지영: 저는 레즈비언 미술이 제도권으로 들어오는 건 이미 정해진 결론 같습니다. 레즈비언 미술은 기존의 미술과는 다를 수밖에 없기에, 제도권 입장에서는 레즈비언 미술이 만들고 있는 것이 엄청 탐이 날 수밖에 없고 좋아 보일 수밖에 없다고 봐요. 그러니 레즈비언 미술이 제도권 안으로 들어가는 건 예견된 일인데요. 제도권에 들어간 후에 어떻게 할 것인가가 더 중요한 문제라고 봅니다.
제 경험을 얘기하자면, 저는 보스토크의 '도킹docking!' 프로젝트에 참여하여 3년 정도 편집장님과 함께 이야기를 나누면서 첫 책을 냈는데요. 그 과정에서 어려움이 많았습니다. 물론 작가와 편집장의 관점 차이가 있었겠지만, 사적인 내용과 사진의 수위를 조정하고 사진을 선정하는 기준이 서로 전혀 달랐습니다. 작가와 편집장의 다름뿐 아니라 정체성에서 기인한 차이도 분명히 있을 거라고 생각했습니다. 그래서 우리가 어떤 기관에 속할 때는 그 안에 퀴어 정체성을 가진 사람이 몇 명 더 있어야 하지 않을까 생각했습니다. 자문역으로라도 말입니다. 편집장님과 이야기를 하는 과정에서 저도 타인에게 무언가를 계속 설명해야 하고 타인도 저에게 설명을 계속해야 하는 상황이 서로에게 일방적이라고 느껴졌습니다. 내가

타인을 설득해야만 내가 싣고자 하는 사진을 실을 수 있는데, 이 과정이 저에겐 너무 소진되는 경험이었습니다. 결국 작업을 하고 사진을 찍는 것이 더 중요하고 거기에 에너지를 쏟아야 하는데, 오히려 설명하는 과정에서 더 많은 에너지를 쓰게 되었던 경험이었죠.
제도권에 들어가는 것은 당연한 거고, 제도권에 들어갔을 때 생길 수 있는 이런 문제점에 대한 준비를 더 해야 하지 않을까 하는 생각이 듭니다. 제도권 미술로 진입한 후에 우리가 어떻게 대화를 나눌 수 있을지, 앞으로 접하게 될 문제점들을 마주할 방편을 더 마련하는 게 중요할 것 같습니다.

이연숙: 저는 이야기를 들으면서 두 가지 생각을 했습니다. 소수자의 정체성을 다루는 미술, 즉 하위 문화라고 할 수 있는 것들이 자본의 논리 또는 훨씬 더 거대한 헤게모니에 편입되고 흡수되어 다른 방식으로 재생산되는 것은 이미 정해진 길임에 동의합니다. 이런 종류의 연구를 하는 사람들이 이미 이와 같은 이야기를 많이 했습니다. 그런데 저는 레즈비언 미술 중 제도권 안으로 들어가지 못하는 미술이 있다면 그것은 지나치게 폭력적이거나 극단적인, 이를테면 소멸과 같은 종류의 이야기를 다루는 그런 미술일거라는 생각을 했습니다. 사람들이 레즈비언 미술에서 무언가를 취한다면 그것은 대부분의 사람들이 받아들이기에 무리가 없는 그런 부분이 아닐까 싶어요. 요컨대 같은 퀴어 여성, 또는 레즈비언이라고 하더라도 좀 더 말랑한 취향인 사람들이 있잖아요. 그런데 소위 말하는 '실험적인' 또는

하드코어한 취향을 가진 사람들은 그보다 항상 적습니다. 만일 내 작업이 받아들여지지 않는다면 그 까닭은 그것이 레즈비언을 다루는 작업이라서가 아니라, 내가 일반적으로는 수용되기 어려울 만큼 부정적인 것을 탐구하는 취향을 갖고 있기 때문은 아닐까요? 이런 점에 대해서는 어떻게 생각하시는지 궁금합니다.

홍지영: 그것도 일부분 맞는 것 같습니다. 만약에 폭력적인 것들을 탐구하는 작업을 제가 아니라 백인 남성이 했다면 이는 받아들여졌을 수도 있다고 생각합니다. 그래서 기록되지 못하는 것들이 분명히 있는 것 같습니다. 엽서로 만들 수 있는 사진만 팔리거나 잡지에 실리는 사진계에 염증을 느낀 우리가 팀을 만들어서 사진을 보여줄 곳을 만들어낸 것도 그런 이유 때문이죠.
사실 제도권에 기입되는 작가들이 계속 생길 테지만, 그와 다른 방식으로 활동하는 이들도 여전히 있어야 합니다. 저는 제도권에서 받아들여지지 않는 폭력적이고 더러운 것들을 표출하는 작업에 한동안 더 집중하지 않을까 싶습니다.

전인: 이번 개인전에서 보인 작업에 극단적인 성향이 있었다고 생각하지는 않지만, 제가 앞으로 만들고 싶은 이미지는 이전의 것보다 조금 더 강하게 보일 수 있을 것 같습니다. 다만 보여주는 방식이라든가 알리는 방식에서는 좀 더 단단한 전략을 취할 수도 있겠죠.
하지만 이러한 전략은, 작업의 과정과 실행에 끼칠 영향을 생각한

결과는 아닙니다. 저의 작업이 받아들여지지 않을 거라는 걱정이 심각할 정도로 휘몰아치지는 않는 듯합니다.

"남은 질문들"

이연숙: 저희가 더 얘기하는 것도 물론 좋겠지만, 이 자리에 다들 힘겹게 모였으니 청중 분들의 이야기를 들어보는 시간을 가지면 좋을 것 같습니다. 지금까지의 이야기에 이어서 말씀해주시거나 저희에게 질문을 해주시면 좋겠습니다.

청중 4: 저는 홍지영 작가님께 질문이 있습니다. 홍지영 작가님께서 처음에 셀프 포트레이트도 찍고 여행 사진도 찍는 등 여러 가지를 해보았는데 남은 선택지가 이거 하나밖에 없었다고, 사적인 맥락의 이미지들을 드러내기로 한 결심의 이유에 대해서 그렇게 말씀하신 것 같은데요. 그때 그 결심의 배경과 결심 당시의 기분이 궁금합니다.

홍지영: 작업을 하겠다고 마음을 먹고 사진을 찍기 시작한 건 아니었습니다. 5년 전쯤 제가 20살 때, 하루하루를 버티는 방법이 A4 용지 한 장 정도를 글자를 꽉 채워서 글을 쓰고 다섯 장 정도를 드로잉하는 일을 지속적으로 수행하는 것이었습니다. 무엇을 쓰는지가 중요했다기보다는 수행하는 느낌으로 종이를 꽉 채우곤 했습니다. 또 하나는, 어쩌다가 시작하게 됐는지 기억은 나지 않지만 카메라를 세워 놓고 하루에 500장 넘게 제 자신을 찍는 일을 수행으로, 기도로, 하루를 버티기 위한 마음이자 방편으로 진행했습니다. 이런 것들을 하면서 수행의 나날을 보내다가, 이것이 작업이 될 거라고 생각하게

된 시점은 3년 전쯤 제가 황예지 작가님의 사진 스터디에 참여하게
되면서부터였습니다.
저도 이 수행을 혼자서 지속하는 것에 대한 답답함이 있었습니다.
제가 다니는 예술학교에 사진이나 결과물을 가져갔을 때 사람들은
호기심 넘치게 제 작업물을 바라보거나, 신기하고 매력적이라고
말하곤 끝이었습니다. 이것을 가지고 이야기를 나눌 상대가 몹시
필요해 여기저기 찾아 헤매다가 들어간 게 황예지 작가님의 사진
스터디였습니다. 황예지 작가님은 제가 하고 있는 일들이나 제가 찍는
사진, 제가 가지고 있는 생각들이 작업이 될 수 있다고 말해주고 제
이야기를 들어주셨습니다. 그게 저에게는 되게 큰 경험이었습니다.
그래서 "선택지가 없었다"는 말의 뜻은, 여러 개를 두고 선택을
했다기보다는 그저 제가 하고 있던 일을 쭉 해왔다는 의미입니다.

청중 5: 저는 레즈비언 미술의 특징을 가족에 대한 이야기와 관련지어
생각하면서, 길바닥에 내동댕이쳐진 문장들을 떠올렸습니다. 물론
성소수자 중에는 부모님과 연결되어 있어서 그들을 싫어하지 않고
더불어 잘 지내는 사람들이 있을 수도 있습니다. 최근에 본 성소수자
부모님에 대한 다큐멘터리에는 성소수자 부모모임에서 열렬히
활동하는, 마치 유니콘처럼 느껴질 법한 비현실적인 부모님들이
등장했습니다. 그분들을 보면서 되게 놀라웠고 경이로움을 느끼기도
했지만 그들 중 레즈비언의 부모는 얼마나 될까 싶었습니다.
다큐멘터리의 마지막 부분에는 모든 부모들이 나와서 자신을 어떤

이의 부모라고 밝히는 장면이 있습니다. 그렇게 스스로를 밝히는 부모들은 대부분은 게이 아들을 가진 부모였고, 나머지가 MTF의 부모였습니다. 그들의 부모 자식 관계는 마치 자식이 퀴어라는 사실만 해결하면 이물질 없이 깨끗한 상태를 유지하고 있는 것처럼 느껴졌어요. 그에 비해 레즈비언들은 기본적으로 부모와의 관계를 떠올릴 때 다소 폭력적인 정서가 깔려 있지 않나 하는 생각을 하게 되었어요.

이연숙: 만일 기본적으로 다소 폭력적인 부모-자식 관계를 경험한 이들을 레즈비언이라고 정의할 수 있다면, 지금 이 토크의 마무리를 어떻게 해야 할지 고민이 됩니다. 단순히 드라마틱하거나 부정적인 경험들만이 우리의 토대에 있다고 얘기하고 끝내면, 우리는 그냥 상처받고 고통받는 사람에 불과하게 되잖아요. 이대로 끝내도 되나요? 그 경험만이 우리의 공간에 있다고 말하고 끝내도 되나요? 다른 설명을 할 만한 언어가 우리에게는 아무것도 없나요?

홍지영: 트라우마와 같은 경험이 레즈비언에 한해서 일어나는 것이라고 볼 수는 없을 듯합니다. 물론 레즈비언이 더 고통받을 수 있지만, 레즈비언이 아니라도 거의 모든 사람들이 고통을 받고 살아가며, 각자의 위치에서 겪는 고통이 있을 것 같습니다. 모두가 트라우마를 가질 만한 사건을 일생에서 몇 번은 겪습니다. 그러한 사건을 특히 더 많이 경험하는 사람들이 있을 수 있고, 그들이 바로 레즈비언이라고

말할 수 있지만, 고통이 항상 부정적인 감정을 수반한다기보다는 이를 즐기면서 넘을 수도 있다는 말을 하고 싶습니다. 즐겨야만 한다는 말이 아니라, 즐거움이 정말로 존재할 수 있다는 것입니다. 고통을 인지하지 못하면 고통이 아닌데, 우리는 고통이라고 인지하고 그 고통을 아픔으로 받아들이잖아요. 여기서 인지하고 있다는 것이 중요하며, 이를 인지하면 즐길 수 있는 것들이 많이 생겨날 수 있다고 생각합니다.

김태리: 홍지영 님의 말씀에 조금만 더 이야기를 보태자면, 제도권에 들어가서 레즈비언 미술을 보여 주는 게 그런 의미가 있을 거라고 생각합니다. 동료들을 더 만들고 우리들의 고통을 좀 더 많은 사람들에게 보여주고 공유하는 데서 나오는 힘도 분명히 있을 거라고 생각합니다.

청중 6: 방금 제도권 얘기를 하셨는데, 지금의 제도권 미술의 의사결정자들 중에 퀴어는 압도적으로 적습니다. 퀴어 예술은 즐거운 것이었으나, 제도권의 지원을 받을 수 있다는 사실을 알게 된 순간 사라졌습니다. 처음 클럽에서 했던 퀴어 예술이 너무 재미있었습니다. 하지만 지원 사업에 매달리고 그에 맞추다보니 퀴어 예술이 재미가 없어진 것 같습니다. 제도권에 들어가려다가 망가진 플랫폼들을 많이 보았는데, 왜 이래야 하는지 의문이 생기더라고요. 왜 서울시립미술관에서 퀴어 예술을 해야 하는가, 퀴어 전시를 오픈해서

만나는 관람객들이 헤테로라면 그것은 무슨 의미인가 하는 의문점이 생겼습니다. 이에 대해서 어떻게 생각하시나요?

전인: 저희는 다 기획서를 썼습니다. 개인전도 아르코 지원 사업의 일환으로 한 것인데요. 당시의 기획서를 통해 저희가 제도권 미술이 용납할 수 있는 수준의 작업을 했다고 판단했기에 아르코에서 저희에게 기금을 준 것일 수도 있습니다. 그것들이 모두 무용하다고 얘기할 수도 있지만, 저는 그럼에도 불구하고 더 많은 것들이 공개되어야 한다고 생각합니다. 저도 클럽에서 행사를 하고 있고 그곳에 온 사람들과 얘기는 안 해도 눈빛을 교환하는 것을 좋아합니다. 물론 제도의 기준을 통과하려고 그것에 몸을 구겨넣으면서 저희 기획에서 삭제된 것이 많이 있을 텐데, 그래도 더 많은 것들이 공개될 필요가 있다고 생각합니다.

김태리: 사실 돈이 없으면 전시도 할 수 없기 때문에 어떻게 해서라도 보여주는 게 우선이지 않을까 생각합니다.

청중 2: 제가 아까 말한, 엄마에 대한 애증이나 가족에 대한 이야기는 오해를 불러일으킬 수 있을 것 같아서 조금 정정하도록 하겠습니다. 일반적으로는 퀴어가 가족에 대해 이야기를 할 때 부정적인 얘기가 많이 나온다고 생각을 하시는데요. 저의 경우에는, 저희 엄마는 제가 레즈비언인 것을 저보다 더 잘 아는 사람이고 이를 좋게 봐주시는 편입니다. 이상하게도 제 주변의 몇몇 친구들의 어머니들 또한 저희 엄마와 비슷하십니다. 하지만 저도 엄마를 향한 애증은 당연히 갖고 있습니다.

한편으로 이것은 제 주변 친구들에 한정된 얘기일 수도 있고 보편적인 얘기일 수도 있는데요. 저의 주변 친구들은 엄마와의 관계에 에로틱한 사랑의 감정이 섞인다는 이야기를 하곤 합니다. 엄마와의 관계에서 모종의 정신적인 SM이 일어나기도 하고요. 제 주변에는 이와 같은 감정선이 공통적으로 존재하기에, 이 부분도 추가로 말씀드립니다.

청중7: 저는 '과연 사람들이 레즈비언 미술을 탐내지 않을까?'라는 고민을 하게 되었습니다. 아까 발표자료(114면)에서 보여주셨던 선 밑에 있는 존재들이나 구구절절함이 사람들이 탐내지 않을 특성인가 질문한다면, 제 생각에는 그렇지 않은 것 같습니다. 흔히들 '불행 배틀'이라고 말하잖아요. 사람들은 퀴어의 '고유성'을 원합니다. 퀴어 예술의 제도권 진입이 당연하다는 말도 그런 맥락에서 가능할 것 같습니다. 제도권을 많이 언급하고 계속 의식하는 것 자체가 퀴어 정체성이라고도 볼 수 있는데, 제도권에 들어가서 재미가 없어지거나 포기해야 할 것이 생기는 결과 자체가 사실 제도권에 큰 힘을 부여하고 권위를 주는 행위가 아닐까 싶습니다. 그래서 홍지영 님이 발표자료(114면)에서 말씀하신 것처럼 밑에 있는 존재들을, 그들의 감정을 강점으로 만들 수 있는 전략이 가능하지 않을까 싶어요. 퀴어가 불행하다는 것에서 끝나면 안 될 것 같습니다.

청중8: 야광 콜렉티브 분들께서 전시가 동료를 찾는 계기가 될 수도 있다는 말씀을 하셔서 생각이 났는데요. 그렇다면 우리가 퀴어 레즈비언 네트워크를 어떻게 만들 수 있을지에 대해서도 사전에 이야기를 나누셨는지도 궁금해요.

이연숙: 저희 역시도 라운드테이블을 준비하며, 이것이 일회성 행사에 그치지 않고 작업하는 사람들이 서로 알고 지내는 계기가 되면 좋겠다는 대화를 했습니다. 실제로 네트워크를 한번 만들어보면 어떻겠냐고요. 구심점이 없는 텅 빈 연합체 같은 게 있으면 좋지 않겠냐고 이야기했을 때 좋아하는 분도 계셨고 굉장히 우려하는 분도 계셨습니다.

전인: 저는 그냥 '잘 될까?'하는 생각이 들었습니다. 동료가 필요하다는 생각은 작업을 본격적으로 하기 전에도, 하는 중에도, 끝난 뒤에도 계속했습니다. 자신이 작업을 했을 때 결과물이 어땠는지 말해주는, 저희보다 먼저 작업을 시작한 작가들이나 아직 작업을 시작하지 않은 사람들, 작업에 관심이 있는 사람들과 이야기를 하면 좋겠다는 생각을 했습니다. 왜냐하면 저희는 콜렉티브라서 둘이서 작업을 하지만 단 두 사람이기 때문에 서로 할 수 있는 이야기에 한계가 있다고 생각을 했고, 이런 이야기들을 더 많은 사람들이 알면 좋을 것 같았습니다. 하지만 네트워크 조직이 만들어졌을 때 그것을 활성화하는 방안에 대해서는, 저는 걱정이 되는 편입니다.

홍지영: 저는 아직 모르겠습니다. 네트워크가 있으면 좋겠지만 그것이 어떻게 가능할지는 잘 모르겠어요. 지금 우프에서 진행하는 것을 생각해보면, 잡지 창간호에는 저의 작업과 더불어 10명 정도가 더 참여했고, 그후에 저희가 새로운 호를 준비하면서 욕심이 났던 부분이 있었는데요. 저희도 작업을 시작한 지 1년 정도밖에 안 되었으니 그보다 더 최근에 작업을 시작하신 분들을 찾아보거나, 작업을 매우 오래 하신 분들에게 접촉하거나, 우리가 좋아했던 사람들에게도 문을 두드려보자는 차원에서 메일을 보냈습니다. 그들 중 절반은 대답이 없었고 절반에게서는 답이 왔습니다. 그래서 그분들과 작업을 할 때 그저 작업물을 받고 끝나는 게 아니라, 행사도 열어서 그분들이 어떤 과정으로 작업을 했는지 직접 이야기도 듣는 등 소통을 하면 좋겠다고 생각했습니다. 처음에 우프를 시작했을 때는 6인으로 출발했지만 고립되어 있다는 느낌이 강했고, 점점 우리가 똑같은 생각을 공유하고 있다고 느껴 굉장히 위험하다고 판단했습니다. 그래서 이번에 준비하는 새로운 호에서는, 우리는 통로 같은 역할을 하고 많은 사람들이 이곳을 지나갈 수 있도록 해보자는 취지가 있었습니다. 덧붙여 그동안 이것이 잘되겠다는 판단이나 희망 같은 것은 없었는데, 좀 더 쉬엄쉬엄 생각하면서 큰 통로를 진짜로 만들 수도 있겠다는 생각도 하게 되었습니다.

전인: 저는 네트워크까지는 아니더라도…… 인천아트플랫폼 레지던시의 전시를 보러 갔을 때 발견한 캐비닛이 있었는데요.

그곳에는 그동안 레지던시를 거쳐간 작가들의 파일이 다 꽂혀 있었습니다. 거기에 온 사람들이 오며 가며 작가들의 파일을 볼 수 있게 되어 있었죠. 그런 물질적인 장치가 하나 있으면 좋겠다는 생각이 들었습니다.

이연숙: 레즈비언들이 모인 후 어떻게 됐는지에 대한 굉장히 많은 역사적인 예시들이 있기는 합니다만, 제가 요즘 피부로 느끼는 것은 야광 콜렉티브나 홍지영 작가님과 같은 주제로 작업을 하는 사람들이 많이 있는데, 하나같이 이런 작업을 나 말고 누가 또 하는지 모르겠다고 말하고 있다는 겁니다. 그래서 그들끼리 무얼 좀 해보면 좋지 않을까 싶어 제가 불쑥 네트워크 구축을 제안하기도 했습니다. 이를 계기로 앞으로 우리가 무엇을 더 시도해야 할지 고민해봐야 할 것 같습니다. 오늘 수고 많으셨습니다.

감사의 말

이연숙

지난 2년간의 연구과정을 담은 이 책이 나오기까지 많은 분들의 도움이 있었습니다. SeMA 비평연구 프로젝트가 이어질 수 있도록 애써주신 서울시립미술관 최은주 관장님과 백지숙 전 관장님, 그리고 출간의 제반사항을 관장해주신 미디어버스 임경용 대표님, 여러 편의 글들이 책이라는 형태를 갖추고 나타날 수 있도록 애써주신 조현열(헤이조) 디자이너님, 이 책의 구성상 전부 내용을 살려 싣지는 못했지만 3회에 걸쳐 진행된 라운드테이블 녹취록을 꼼꼼이 검토해주신 패널 분들, 라운드테이블의 현장에서 적극적으로 질문을 던져주시고 그 문답들을 이 책에 싣는 것 또한 허락해주신 청중 분들, 흔쾌히 이 책에 도판을 사용할 수 있도록 허락해주신 작가님들, 라운드테이블의 연재와 구상, 그리고 결과까지 모든 과정을 함께 거치며 한결같은 응원을 보내주신 김진주 학예연구사님, 이 책이 나올 수 있도록 일을 추진해주시고 마무리에 힘써주신 최지나 학예연구사님, 좀처럼 남의 눈에 띄지 않는 일들을 도맡아 해주신 박지연 코디네이터님, 모자란 저를 견디며 글이 더 나아질 수 있도록 도와주신 김깃 편집자님께 큰 감사를 드립니다.

2023 SeMA 비평연구 프로젝트: 에필로그

최은주
서울시립미술관장

SeMA 비평연구 프로젝트가 2023년 또 한 권의 결실을 이루었습니다. 세 번째 비평연구 총서 『진격하는 저급들』(2023)은 제4회 SeMA–하나 평론상의 이연숙 수상자가 지난 2년 동안 현장에서 치열하게 고뇌하며 만들어온 성과입니다. 지난 2020년 SeMA 비평연구 프로젝트가 시작된 후 제3회 SeMA–하나 평론상(2019) 이진실, 장지한 공동 수상자의 후속 연구가 2021년 두 권의 비평연구 총서로 처음 출간되었습니다. 서울시립미술관은 2015년 미술상의 일환으로 국공립미술관 최초 미술분야 평론 공모제인 SeMA–하나 평론상을 제정한 이후 격년으로 수상자를 배출해 왔습니다. 수상자의 영광을 수상금 수여만으로 매듭짓는 기존 수상 시스템은 '비평'이라는 무게와 특성을 담기에는 한계가 있다는 내부의 자성이 있었습니다. 한국 동시대 미술 비평계에 어떻게 의미 있는 생산 작용을 할 수 있을까에 대한 고민에서 시작해 미술관은 2020년 평론상과 비평연구 프로젝트를 연동하는 평론가 지원 시스템을 구축하였습니다. 수상자가 2년 동안 서울시립미술관의 다양한 인프라를 활용하여 미술 현장에서 비평 활동의 깊이와 확장을 도모하는 프로젝트를 추진하고, 연구의 응축된 결과물을 한 권의 책으로 엮어내는 것입니다. 모든 형식과 내용의 방향성을 열어 둔 프로젝트 지원은 수상자에게 스스로 또 다른 가능성을 찾고 단단한 논리를 세우는 실험과 기회의 장으로 그 역할을 다하고 있습니다.

이연숙 연구자는 2021년 「'비체적' 정서의 내장 만지기: 이미래의 《캐리어즈(Carriers)》」로 수상하였습니다. 페미니즘과 퀴어 예술, 그리고 소수자 문화의 저항적 형식에 관심을 둔 연구자는 2년 동안 3회의 라운드테이블과 7편의 글을 저술하며 '젠더'와 '하위문화'의 이슈를 여러 층위의 비평적 관점으로 조망하는 비평연구 프로젝트를 수행했습니다. 2022년에 기획된 라운드테이블 〈여성 퀴어 작가의 콜렉티브〉 〈아마추어리즘과 비평〉 〈실패의 퀴어 예술〉은 자유롭고 솔직한 대화를 통해 동시대 예술에서 '퀴어'와 '아마추어리즘'에 대한 또렷한 음성을 미술관 안으로 들여오고, 대안적 예술비평 가치에 대해 공유하는 귀중한 시간이었습니다. 2023년 서울시립미술관 모두의 연구실 '코랄'을 통해 매월 한 편씩 공개된 7편의 비평 글은 주변 세계에 대한 이연숙 연구자의 첨예한 분석과 시각이 깃든 글입니다. 미술에서 문화 저변으로 확대된 비평 대상은 우리 사회의 여러 지점에서 정동하고 있는 '젠더'와 '하위문화'의 쟁점을 짚어볼 수 있게 합니다. 2년여간 분투하며 지나온 여정의 결과인 주옥들을 한 권의 책으로 엮는다는 것은 굉장히 뜻깊은 일입니다. 한편으로 저자에게는 쉽지 않은 시간이었음은 분명합니다. 긴 시간 동안 마지막까지 긴장감을 놓지 않고 프로젝트를 성실히 마무리해준 이연숙 연구자에게 감사함과 격려, 그리고 축하를 전합니다.

SeMA 비평연구 프로젝트는 서울시립미술관을 동시대 언어로 바라보는 행위이기도 합니다. 비평의 시의성은 연구 프로젝트를 동시대 뜨거운 논점과 말로 점철시키고, 미술관의 채널을 통해 관객과 독자들에게 유통됩니다. 이 과정에서 비평연구 텍스트는 '미술관이 말하는' 동시에 '미술관에 대해 말하는' 이중적 기능을 수행합니다. 2022–23년 이연숙 연구자의 주제들은 미술관으로 흘러들어와 하위문화와 저항 형식에 대한 논의를 미술관 안과 밖으로 발화시켰고, 생산된 지식은 내일의 미술관이 품어야 할 또 하나의 과제가 되었습니다. 이렇듯 미술비평의 생태를 위해 고안된 '비평–연구–미술관'의 순환적 연결고리는 서울시립미술관이 동시대를 호흡하게 하는 또 하나의 창구가 되었습니다. 서울시립미술관은 SeMA 비평연구 프로젝트를 거점으로 지속해서 외연 확장을 이어나가고자 합니다. 미술관 연구의 한 축이 비평 프로젝트를 통해 열린 구조로 나아갈 수 있도록 이끌겠습니다. 2022–23 SeMA 비평연구 프로젝트가 잘 마무리될 수 있도록 도와주신 서울시립미술관 학예연구 분야의 모든 분과, SeMA 비평연구 프로젝트 총서의 한 자리를 차지할 『진격하는 저급들』을 출간하는데 힘써주신 모든 분, 그리고 SeMA 비평연구 프로젝트의 출판을 후원해주신 하나금융그룹에 감사를 표합니다.

SeMA 비평연구 프로젝트

주최	서울시립미술관
총괄	최은주 관장
학예총괄	정소라 학예연구부장
연구총괄	전소록 수집연구과장
연구기획	최지나 학예연구사 김진주 학예연구사 박지연 코디네이터
홍보	봉만권 고객홍보과장 김서영 주무관 임재욱 코디네이터
행정	이영순 총무과장
시설	박지영 시설과장 허정민 주무관
후원	하나금융그룹
후원회	서울시립미술관후원회 세마인 현선영 실장

2023 SeMA 비평연구 프로젝트

진격하는 저급들 – 퀴어 부정성과 시각문화

발행인	최은주 서울시립미술관장
출판 기획·글	이연숙
편집	김깃
디자인	헤이조
인쇄	세걸음
발행처	서울시립미술관, 미디어버스
초판 1쇄 발행	2023.12.15
초판 2쇄 발행	2023.12.27

이 책은 서울시립미술관의 2022–23 SeMA 비평연구 프로젝트의 일환으로 만들어졌습니다.

SeMA 비평연구 프로젝트는 SeMA–하나 평론상의 수상자에게 주어지는 다년간의 연구·프로그램·출판 지원사업입니다.

이 책에 수록된 글과 이미지의 저작권은 각 저작권자에게 있으며, 출판권은 서울시립미술관과 미디어버스에 있습니다. 저작권자와 출판권자의 동의 없이 무단으로 사용할 수 없습니다.

저작권법에 의해 보호받는 저작물이므로 무단 전재 및 복제를 금합니다.

© 2023 서울시립미술관
Seoul Museum of Art

ISBN 979–11–90434–55–3 (03600)
값 **18,000원**

서울시립미술관
서울특별시 중구 덕수궁길 61 (04515)
https://sema.seoul.go.kr

미디어버스
서울특별시 종로구 자하문로 10길 22 2층 (03044)
https://mediabus.org